KB188534

You can do it!

_____ 님께

죽지마
청년아

죽지마 청년아

어느 평범한
청년 사역자의 부흥 이야기

권
기
웅 지음

선한청지기

열정으로 가득한 행복한 사역자

청년 시절에 만나 지금까지 보석같이 여겨온 제자이자 동역자인 권기웅 목사님은 이 시대에도 보기 드문 말씀과 현장 중심의 청년 사역자입니다. 특별히 20년이 넘는 시간 동안 그가 나에게 보여준 신뢰를 통해 알 수 있듯이 그는 인격적으로나 사역적으로 준비된 좋은 지도자입니다. 그에게는 무슨 일이든 안심하고 맡겨도 될 정도로 믿음직스럽고 충성스러운 사역자입니다.

권 목사님을 바라보고 있으면 노련한 목자견이 떠오릅니다. 반짝이는 눈동자로 용맹스러우면서도 부지런하게 뛰어다니며 양떼를 놀랍게도 이끌어 갑니다. 그에게는 길을 잃은 영혼이 있을 수 없습니다. 그가 달려가는 곳마다 구원의 기쁜 소리가 있고, 눈물의 회개가 있으며, 그리스도를 영접하는 기쁨의 함성이 있습니다. 위대한 전도자 D. L. 무디처럼, 어디에서건 영적 돌풍과 부흥을 일으켜 왔고, 한성교회에서도 4년 만에 17배가 넘는 청년 부흥과 성장을 경험했고, 젊은 영혼들이 잃어버린 비전과 꿈을 되찾아 주었습니다. 특별히 권 목사님은 사랑할 줄 아는 사역자입니다. 청년들의 아픔을 함께 아파하고, 눈물 흘릴 줄 아는 가슴이 있기에 주변에 항상 청년들이 넘쳐납니다.

권기웅 목사님은 행복한 전도자입니다. 그렇지만 무엇보다도 무릎으로 전도하는 사람입니다. 기도의 자리에서만큼은 어린아이보다 더 순수한 모습입니다. 눈물범벅이 된 모습, 뜨겁게 부르짖는 기도가 그에게 있습니다. 그렇기 때문에 그의 사역은 하나님의 승리로 나타납니다. 성령의 기름 부음이 그의 삶과 사역에 풍성한 열매를 맺게 해주셨습니다. 그 눈부신 열매 가운데 하나인 사랑하는 목사님의 첫 저서 《죽지 마, 청년아》가 나오게 되어 기쁨을 말로 표현하기 힘듭니다. 그를 만나주시고 그의 인생을 변화시켜 주신 주님께서 이 한 권의 책을 통해 독자 여러분을 만나주시고 생명과 비전의 삶으로 이끌어 주실 줄로 믿습니다.

도원욱 목사(한성교회 담임 목사)

청년 부흥을 꿈꾸며……

나 같은 현장 중심형 사역자가 책을 낸다는 것은 정말 위험한 도전이었으며, 어려운 결심이었다. 막상 책을 쓴다고 하니 약간은 조심스러운 마음과 부족한 사역을 드러내야 한다는 생각에 부끄러움이 밀려왔다. 그러나 이 시대 청년 사역에 조금이라도 도움이 될까 하는 마음으로 용기를 내게 되었다.

나는 흔히 말하는 유학파도, 유명세를 타는 목회자도 아닌 열정 하나밖에 없는 목회자다. 이런 내가 청년 사역자가 된다면, 안 될 사역자는 아무도 없을 것이다. 나는 "청년 사역이 어렵다. 힘들다."고 말하는 모든 사역자에게 작은 도움이 되고 싶었다. 아니, 용기라도 주고 싶었다. 이 책을 통해 '권기웅'이라는 사역자를 보면서 "저 사람도 되는데, 나도 하면 되겠구나."라는 생각이라도 가지게 된다면 이 책은 성공한 것이다.

나는 지금도 청년 부흥을 꿈꾸고 있다. 왜냐하면 청년들이 조국 교회와 이 나라의 미래이기 때문이다. 이 세대에 부흥이 온다면 이 나라와 교회에는 놀라운 일들이 일어날 것이다. 나는 이 책에서 12년 동안 만난 청년들과 공동체의 이야기를 통해 청년 부흥의 원리와 핵심이 무엇인지 청년 사역을 지금도 고민하고 있는 여러분과 함께 나누고 싶었다.

부흥은 하나님의 선물이다

릭 워렌 목사의 《새들백 교회 이야기》라는 책 서문을 보면 영적 파도타기에 대한 이야기가 나온다.

"만약 당신이 파도타기를 배우는 과목을 택한다면 파도타기에 관한 모든 것을 배우게 될 것이다. 어떤 장비를 구입해야 하며, 그 장비들의 올바른 사용법은 무엇이며, 파도타기를 할 수 있는 파도의 종류를 식별하는 법이며, 파도 위에 올라서서 가능한 오래 탈 수 있는 기술들을 배울 것이다.

하지만 당신은 결코 '파도를 일으키는 법'을 가르쳐 주는 과목을 찾을 수 없을 것이다. 파도타기란 하나님이 일으키시는 파도를 타는 기술이다. 하나님은 파도를 만드신다. 우리는 단지 그 파도를 타는 것이다. 어떤 파도타기 선수도 파도를 만들려고 시도하지 않는다. 만약 파도가 일어나지 않는다면 그날은 파도타기를 하지 못한다. 반면에 파도타기 선수가 좋은 파도를 보게 되면 비록 폭풍우 속에서라도 그 파도를 최대한 활용할 것이다.

교회 성장에 관한 많은 책과 세미나가 '파도를 일으키는 법'을 가르치려는 범주에 속한다. 그들은 잔재주나 프로그램, 또는 마케팅 기술 등을 이용해서 성장을 꾀하고자 성령의 파도를 만들어 내려고 시도한다. 그러나 성장은 결코 인간이 만들어 내는 것이 아니다. 오직 하나님만이 성장을 이루게 하신다. 오직 하나님만이 파도─부흥의 파도, 성장의 파도, 영적으로 수용적인 태도를 갖게 하는 파도 등─를 만들어 내실 수 있다."

부흥은 하나님이 주시는 은혜이며 선물이다. 우리 공동체의 성장이 부흥의 파도를 만들었다는 말을 하는 것은 아니다. 우리는 지금도 하나님께서 부흥의 파도를 일으키신다는 믿음으로 기도하고 그 파도를 멋지게 탈 준비를 마친 채 기다리고 있어야 한다.

릭 워렌도 이와 비슷한 말을 하고 있다.

"해변가에서 파도타기 선수를 보고 있으면 파도를 타는 일이 무척 쉽게 보인다. 그러나 사실은 파도타기란 매우 어렵고 뛰어난 기술과 균형을 요하는 것이다. 성장을 위한 영적 파도를 타는 일도 쉽지 않다. 그 일을 위해서는 열정이나 헌신 이상의 것이 필요하다. 영적통찰력, 인내, 믿음, 기술, 그리고 무엇보다 균형이 필요하다. 성장하는 교회를 목회하는 일은 파도타기와 마찬가지로 문외한에게는 쉬워 보이지만 사실은 그렇지 않다. 그 일을 감당하려면 필요한 기술들을 완전히 습득해야 하기 때문이다."

이런 의미에서 이 시대 청년 공동체는 하나님의 파도를 탈 준비를 해야 한다. 파도가 온다고 누구나 탈 수 있는 것은 아니다. 그래서 우리는 기도해야 한다. "하나님, 이 마지막 시대에 부흥과 성장의 파도를 우리에게 보내 주옵소서." 이 기도를 통해 하나님은 지금도 파도를 계속 만들어 내고 있다. 그리고 파도가 일어났을 때 멋지게 탈 수 있는 공동체로 준비되길 원한다.

'First Penguin'이 되고 싶다

이어령 교수가 쓴 《젊음의 탄생》이란 책을 보면 'First Penguin'이라는 관용어에 대한 이야기가 나온다. 영어권에서 쓰는 관용어 First Penguin은 다음 이야기에서 유래했다. 펭귄들은 항상 뒤뚱뒤뚱 떼를 지어 다니면서 우르르 바다로 모여들지만, 정작 바다에 뛰어들기 직전에는 일제히 제자리걸음을 하면서 머뭇거린다. 바닷속에는 자신이 좋아하는 먹잇감도 있지만 동시에 위험한 물개나 바다표범 같은 천적들도 기다리고 있기 때문이다. 그 머뭇거리고 있는 펭귄의 무리 가운데 바다를 향해 가장 먼저 뛰어드는 용감한 펭귄 한 마리가 있다. 한 마리가 그렇게 용기 있게 뛰어들고 나면, 그때까지 머뭇거리고 있던 펭귄들도 일제히 그 뒤를 따라 바다로 뛰어든다.

하나님께서는 지금도 이런 'First Penguin'을 찾고 있다. 그 누구도 청년사역이라는 바다에 뛰어들려 하지 않을 때 몸을 던질 한 사람이 나와야 한다. 그게 '나'이기를 원했고, 또한 이 책을 읽는 '당신'이기를 원한다.

하나님이 찾는 것은 천 명, 만 명, 십만 명, 백만 명 같이 많은 무리가 아니다. 하나님은 First Penguin 같은 한 사람을 찾으시며 그 한 사람을 더 소중히 여긴다.

> 너희는 예루살렘 거리로 빨리 다니며 그 넓은 거리에서 찾아보고 알라 너희가 만일 정의를 행하며 진리를 구하는 자를 한 사람이라도 찾으면 내가 이 성읍을 용서하리라 (예레미야서 5장 1절)

한 사람이 가정을 살리고, 교회를 살리며 나라를 살리는 것이다. 스코틀랜드를 살린 것은 100만 대군이 아니었다. "하나님! 스코틀랜드를 나에게 주옵소서. 그렇지 않으면 저에게 죽음을 주십시오."라고 기도했던 존 낙스 한 사람의 기도가 스코틀랜드를 살린 것이다. 나는 여러분이 이 글을 읽고 "하나님, 나를 이 시대의 'First Penguin'으로 삼아주세요."라는 불붙는 마음이 일어나길 원한다.

대구에서 7년, 그리고 2009년부터 이곳 한성교회에서 5년의 사역은 하나님께서 내게 어떤 파도를 일으키셨는지, 하나님 앞에서 완벽하지는 않지만 겨우 파도를 타고 여기까지 온 나의 사역 여정을 돌아볼 수 있는 시간이었다. 부족하지만 그래도 여기까지 오는 동안 'First Penguin'의 마음으로 한 걸음, 한 걸음 움직일 때마다 하나님이 허락하신 위대한 일들을 조심스레 공개하고 싶은 마음이다.

내가 처음 이곳에 왔을 때 65~70명의 공동체였다. 그러나 이제는 1200~1250명의 청년들이 매주 예배한다. 그리고 매일 새벽 그들은 강단에 올라가 공동체와 교회와 나라의 부흥을 위해 기도하고, 매일 지하철역과 캠퍼스에 나가 복음을 전하는 삶을 살고 있다. 나는 이들에게서 하나님이 일으키는 파도를 보고 싶다. 그리고 이 청년들과 함께 그 파도를 멋지게 타고 싶다.

두려움과 부끄러움이 앞서지만 이 글이 작게나마 한국교회와 청년 사역에 도움이 되길 원하는 마음이 크다. 또한 20년이 넘는 시간 동안 부족한 나를 세우고 격려해주신 영적 아버지 도원욱 담임 목사님을 비롯해 한성교회 성도님들. 사역의 현장에서 함께 울고 웃었던 많은 청년 사역자들 특별히 노형수 전도사, 백은정 사모, 방요한 전도사, 김영인 전도사, 이눈 전도사, 지금은 함께 사역하지 않지만 이민건 목사, 도종화 목사, 손봉수 목사, 노승학 간사, 허성엽 간사, 박정희 간사, 김지언 간사, 손주영 간사, 이경숙 간사, 그리고 사랑하는 우리 청년들과 편집에 수고를 아끼지 않은 선한청지기 직원들

및 김영철 장로님께 감사의 뜻을 전한다. 그리고 항상 모세 같은 아들 만들어 달라고 기도하시는 어머니, 장모님, 청년 사역에 남편을 빼앗김에도 싫은 내색 한 번 안 한 사랑하는 내 아내 정소연 사모, 바쁜 사역 때문에 아플 때 병원 한 번 제대로 같이 못 가준 아빠를 그래도 사랑한다는 하늘의 선물인 내 아들 순과 준에게도 감사하다는 말을 전하고 싶다. 더불어 청년 사역의 부흥을 꿈꾸는 많은 사역자와 사랑하는 청년들에게 이 책이 도움이 되길 간절히 소망한다.

나는 네 하나님 여호와라 바다를 휘저어서 그 물결을 뒤흔들게 하는
자이니 그의 이름은 만군의 여호와니라 (이사야 51장 15절)

권기웅

차례

PART 01

기본기에 충실한
공동체가 부흥한다

너희는 예루살렘 거리로 빨리 다니며

그 넓은 거리에서 찾아보고 알라

너희가 만일 정의를 행하며

진리를 구하는 자를 한 사람이라도 찾으면

내가 이 성읍을 용서하리라

(예레미야 5장 1절)

부흥의 시작은
관심이고 사랑이다

2003년 대구에서 처음으로 청년 사역을 시작했다. 12년 동안 정말 많은 청년과 함께 뒹굴고, 함께 아파하며, 함께 기뻐했다. 12년 동안에 청년들과 함께 흘렸을 눈물과 땀방울들을 모아두었다면 아마 강을 이루었을 것 같다.

2007년 여름수련회 셋째 날 새벽 집회 때 쏟아지는 눈물을 주체할 수가 없었다. 한 청년이 내 발을 붙든 채 무릎을 꿇고 울며 "목사님, 사랑합니다."라고 기도를 하는데, 하나님의 사랑이 물 붓듯 불어나는 것이 아닌가. "나도 사랑해. 예수님의 사랑으로 너희들을 사랑할게."라고 고백하며 나 또한 엉엉 통곡했다.

이는 수련회뿐만 아니라 사역 중에도 흔히 볼 수 있는 나의 모습이다. 나는 울보 목사다. 그들의 아픈 이야기를 들으면 눈물이 난다. "목사님, 저 암이래요. 목사님, 아빠가 구속되셨어요. 목사님, 저 대학 떨어졌어요." 때론 그들의 아픔이 내 아픔이 될 때도 있다. 눈물이 너무 많아 때로는 부끄럽다. 하지만 나는 내 사랑하는 청년들을 위해 울고 있는 스스로가 자랑스럽다.

사실 내 사역이 처음부터 그들을 사랑하고, 그들과 함께 뒹구는 사역은 아니었다. 내게 청년 사역은 단순히 사역적으로 한 단계 성장하는 좋은 기회로만 여겼다. 힘들어하던 청년회를 잘 다듬고 규모를 키우면 사람들 사이에 인정받는 사역자로 유명세를 탈 수 있으리란 생각이 전부였다.

그런 나에게 내 인생을 바꾼 사건이 일어났다. 2006년 동계수련회를 하루 앞두고 바쁘게 지내던 어느 날, 한 자매에게 전화가 왔다. 자매는 한없이 가냘프고, 힘없는 목소리로 내게 이렇게 말했다. "목사님, 나 좀 만나주세요." 그 자매는 나와 함께 청년 시절을 보내고, 결혼한 지 1년이 채 안된 청년 제자였다. 전화를 받는 순간 분위기가 심상치 않아 바쁜 일을 뒤로 미루고 점심시간에 자매를 만났다. 자매는 식사를 하는 동안 내게 한마디 말도 하지 않았고, 나 또한 한 시간 동안 몇 마디도 되지 않는 그 자매의 이야기가 전혀 들리지 않았다. 내 머릿속에는 오로지 내일 출발하는 동계수련회 생각밖에 없었다. 그렇게 바쁘다는 핑계를 대고 자매와 헤어진 그다음 날 나는 400명의 청년들과 수련회를 떠났다. 수련회 첫째 날이 지나고, 둘째 날 저녁 집회의 설교가 끝나자 나는 기도회를 인도하기 위해 강단에 올라갔다. 기도회가 뜨거워질 때쯤 같은 발신 번호의 전화가 계속 오는 것이다. 무언가 안 좋은 느낌이 있었던지, 나는 청년들에게 기도를 시켜놓고 밖에 나가 전화를 받았다. 내가 이틀 전에 만난 그 자매의 어머니였다. 전화기 너머로 어머니의 울음 섞인 음성이 들려왔다. "권기웅 목사님이세요? 전 ○○○ 엄마인데요. 목사님, 내 딸이 죽었어요." 전화를 받는 순간 나는 그 자리에 주저앉았다. 자매는 극심한 우울증을 겪다가 자신의 아파트 발코니에서 스스로 목숨을 끊고 말았다. 그 자매는 내게 찾아와 살려달라 말하고 싶었던 것 같다. 내게 마지막으로 도움을 청했던 것이다. 그런데 내가 그녀의 요청을 뿌리친 것이다.

그날 밤, 하나님께서 나를 책망하기 시작했다. "기웅아. 내가 너한테 보냈어. 네가 마지막 보루였어. 근데 한마디 말도 듣지 않고 넌 그냥 그렇게 보냈구나."

내 입에 회개가 터져 나왔다. "사랑 없는 나의 사역을 용서해주세요. 사랑 없는 나의 사역을 용서해주세요." 나는 기도회를 더 이상 인도할 수 없었다. 마이크를 잡고 그 자리에 있던 많은 청년에게 용서를 구했다. "나는 가짜입니다. 나는 여러분을 사랑한 적이 없는 가짜입니다. 나 같은 사역자를 용서해주세요."

이때부터였다. 청년들을 보면 뜨거운 눈물이 흘렀다. 그들의 이야기를 들으면 가슴이 너무 아팠다. 그들이 부르면 언제라도 달려가 심방을 했다. 한 명이라도 더 살려야 한다는 마음이 내 속에 일어났다. 하나님은 그걸 귀하게 여기셨는지, 내게 놀라운 청년 부흥을 경험하게 했다. 대구에서 사역하던 당시 180명이었던 청년회는 7년 만에 1000명의 청년이 예배하는 공동체가 되었다. 하나님은 내게 사랑 없는 사역을 회개시키셨고, 사랑을 배우게 하셨으며, 그 사랑 위에 부흥을 부어주셨다.

누군가 내게 청년 부흥의 원리를 묻는다면 나는 한마디로 이렇게 말하고 싶다.

"청년 부흥은 그들을 향한 관심과 사랑에서 시작된다." 느헤미야가 52일 만에 무너진 성벽을 재건할 수 있었던 이유가 무엇이었는가? 느헤미야에서 그 해답을 찾을 수 있다.

내 형제들 가운데 하나인 하나니가 두어 사람과 함께 유다에서 내게 이르렀기로 내가 그 사로잡힘을 면하고 남아 있는 유다와 예루살렘 사람들의 형편을 물은즉 그들이 내게 이르되 사로잡힘을 면하고 남아 있는 자들이 그 지방 거기에서 큰 환난을 당하고 능욕을 받으며 예루살렘 성은 허물어지고 성문들은 불탔다 하는지라 내가 이 말을 듣고 앉아서 울고 수일 동안 슬퍼하며 하늘의 하나님 앞에 금식하며 기도하여(느헤미야 1장 2~4절)

나는 느헤미야가 다른 사람들보다 더 탁월하거나 더 많은 능력이 있었다고 생각하지 않는다. 느헤미야는 이스라엘을 향한 관심과 사랑이 있었다. 그의 형제 하나니를 통해서 예루살렘의 형편을 들었을 때 눈에 눈물이 고이고, 마음이 아프고, 예루살렘이 안타까워 잠을 잘 수도, 밥을 먹을 수도 없게 된 것이다. 하나님은 느헤미야를 사용하기 이전에 그에게 예루살렘을 향한 특별한 사랑과 관심을 가지게 하셨다. 느헤미야의 관심과 사랑은 그의 사명이 되었고, 결국 예루살렘 성벽을 52일 만에 재건하는 역사를 이룬 원동력이 된 것이다.

하나님의 역사는 능력을 통해 이루어지는 것이 아니라, 사랑을 통해 이루어지는 것이다. 청년 사역도 마찬가지였다. 부흥을 만드는 것은 능력이나 학력의 차이가 아니다. 그들을 향한 관심과 사랑의 차이였다. 하나님은 청년을 사랑하는 공동체에 청년들을 보내주신다. 나는 이 말을 단 한 번도 의심해 본 적이 없다.

마태복음 9장 36절을 보면 "무리를 보시고 불쌍히 여기시니 이는 그들이 목자 없는 양과 같이 고생하며 기진함이라"라는 말씀이 나온다. 이것이 바로 주님의 관심이다. 주님의 관심과 사랑은 온통 목자 없는 양에게 향하고 있다. 나는 주님의 관심과 사랑으로 사역하고 싶었다. 주님의 눈으로 그들을 보고 싶었고, 주님의 눈물을 가지고 싶었고, 주님의 마음으로 다가가고 싶었다.

대구에서의 12년 사역을 정리하고 서울로 올 때 나와 함께 동역하던 사역자들이 서울에서는 사역의 방법을 달리 해야 한다고 말했다. 대구에서 하던 방법이 서울에서 통하겠냐는 것이다. 그때 나는 속으로 이렇게 말했다. "하나님은 청년을 사랑하는 공동체에 청년들을 보내주신다."라고 믿음으로 고백했다.

솔직히 두렵고 떨리는 마음으로 서울에 상경했다. 나는 한성교회에서도 청년부를 담당하게 되었고, 당시 한성교회는 장년 900명에 청년

70명이 모이는 교회였다. 대구에서 1000명이 넘었던 청년 공동체를 내려놓고, 청년 70명이 모이는 한성교회에서의 사역은 내게 새로운 모험이며 도전이었다. 하지만 내 속의 확신은 변하지 않았다. 나는 이제 믿음으로 자신 있게 고백할 수 있다. "하나님은 청년을 사랑하는 공동체에 정말 청년들을 보내주신다." 지금 한성교회의 'New Acts 청년 공동체'는 4년 9개월 만에 70명에서 17배가 성장한 1200명이 모이는 청년 공동체가 되었다.

내가 대구에서 가르치던 청년이 2009년 8월에 한성교회 청년부에 찾아왔다. 내가 사역하는 한성교회가 어떤 곳인지 궁금했던 모양이다. 설교를 시작함과 동시에 이 친구가 울기 시작하더니 예배가 끝나는 그 순간까지 정말 슬프게 우는 것이다. 나는 '내 설교가 오늘 대박 났구나.'라고 생각하고 설교를 마친 다음에 그 친구에게 "오늘 목사님 설교가 그렇게 좋았니? 왜 그렇게 울어?" 그랬더니 그 친구가 이렇게 말하는 거다. "목사님 불쌍해서요."

이유인즉, 대구에서 1000명이 모이던 공동체에서 설교하다가 100명이 조금 넘는 사람들 앞에서 설교하는 내 모습이 너무 안쓰럽고 불쌍하더란다. "○○아, 조금만 기다려 봐. 하나님은 청년을 사랑하는 사람에게 반드시 구름떼 같은 청년들을 보내주신다. 그거 보고 싶으면 나하고 2년만 사역해 봐." 내가 그에게 했던 말이 그 형제를 움직였던 모양이다. 그 형제는 한성 'New Acts 청년 공동체'에 남아서 나와 함께 사역을 시작했다. 놀랍게도 그 형제와 함께 사역했던 2년 만에 우리 청년회는 430명이 넘는 공동체로 성장했다.

우리 예수님은 특별히 아픈 사람, 상처 있는 사람에게 관심이 많았다. 그래서 예수님 주위에는 이런 사람들로 가득했다. 각종 병든 사람들, 상처 많은 여자들, 귀신 들린 사람들까지도 예수님 주위에 차고 넘쳤다. 이런 예수님 사역의 모습이 청년 부흥의 핵심이다. 공동체가 청년에게 관심을 기울이고, 그들을 사랑하면 청년들은 자연스레 모여들게 되어 있다. 우리 공동체는 아픈 사람들이 모이는 곳이다. 하루는 리더와 심방을 가는 길에 내가 이렇게 말했다.

"왜 우리 공동체에 아프고 상처 많은 청년들이 유독 많을까?"

그랬더니 함께 심방을 가던 리더의 대답이 꼭 하나님의 말씀 같았다.

"그게 하나님의 방법이겠죠. 하나님께서 목사님을 믿으시는 모양이에요."

이 말을 듣는 순간 내 가슴이 두근거리기 시작했다. '내가 하나님의 방법이란다. 하나님이 우리 공동체를 믿으신단다.' 어쩌면 그래서 이렇게 상처 많은 청년들이 이곳으로 모여들고 있을지도 모른다. 아니 하나님이 믿고 보내주시는 것이다. 청년들이 각지에서 찾아온다. 남양주, 의정부, 천안, 대전에서까지 자기를 사랑해주는 공동체를 찾아 청년들이 몰려들고 있다. 이 시대의 청년들을 사랑하라. 그들을 가슴에 품고 그들과 함께 울고 웃어라. 청년 사역은 반드시 불붙게 될 것이다.

사랑과 관심은 보이는 것이다. 출애굽기 2장 11절 말씀 "모세가 장성한 후에 한번은 자기 형제들에게 나가서 그들이 고되게 노동하는 것을 보더니 어떤 애굽 사람이 한 히브리 사람 곧 자기 형제를 치는 것을 본지라"
에는 '보다'라는 단어가 두 번 반복해서 사용된다. 관심은 시선이다. 성경
을 보면 모세는 이전까진 한 번도 본 적이 없다. 아니 더 정확하게 말하면
보이지 않았다. 그런데 어느 날부터 그들의 고생이 눈에 보이는 것이다.
보이니까 마음이 아팠던 모세는 자기 형제를 돕는다. 이게 관심이다. 청
년에 대한 관심은 그들의 아픔을 보는 것에서부터 시작한다.

　하루는 공동체의 청년들이 돈을 모아 왔다.

　"이게 뭐니?"

　"장학금요. 적지만 우리가 모아봤어요."

　공동체 동생들 중에 학비 때문에 힘들어하는 사람들이 너무 많으니
십시일반 돈을 모아 온 것이다. 공동체에 관심이 있는 선배 청년들의 눈
에 동생들의 아픔이 보인 것이다. 보이면 절대 그냥 지나칠 수 없다.

청년 간증 01

나처럼 밑바닥에 있던 사람도 🌿

안녕하십니까? 저는 여호와의 보호하심팀의 ○○○이라고 합니다.
저는 과거 남부교도소 세 번에, 소년원을 두 번이나 다녀온 놈입니다.

중학교 진학 후 오토바이가 너무 좋았습니다. 그래서 1학년 전교생을 상대로 돈을 빼앗고 그 돈으로 오토바이를 사고 또 폭주족이 되어 시내를 활보했습니다. 이런 삐뚤어진 저를 학교에서는 강제로 전학까지 가게 하였습니다.

전학을 가서도 별반 다를 것이 없었습니다. 그런 생활이 반복되다 보니 돈을 빼앗기거나 구타를 당한 아이들이 결국 경찰에 신고를 했고 저는 구속되었습니다. 그때 저는 소년원에서 교도소까지 옥살이라는 것을 했습니다. 입소할 때는 소년원 안에서 많이 반성하고 '변했겠지'라고 생각했는데, 아니었습니다. 소년원에서 출소하자마자 신고했던 애들을 붙잡아서 창고에 가두거나 때렸고 다시 돈을 빼앗는 생활을 반복했습니다. 결국 구속된 저는 또 한 번 소년원을 가게 되었습니다. 감옥생활을 벗어나지 못하는 내 인생은 이렇듯 지울 수 없는 흔적들만 남는가 싶었습니다.

한번은 술에 많이 취해서 집에 들어왔는데 2년 만에 만난 아버지가 엄마에게 퍼붓는 욕설에 화가 나서 아버지에게 심한 폭행을 가했습니다. 바라보던 어머니는 "미우나 고우나 너의 아버지인데 어떻게 그런 짓을 하냐."고 저에게 패륜아라는 말을 하시다 울면서 집을 나가셨습니다. 그게 불과 1년 전까지의 제 모습이었습니다.

세상의 죄 가운데 살아가고 있던 전 지금 제가 속한 팀 팀장인 은

지 누나의 도움으로 교회에 몇 번 나가게 되었습니다. 사실 2년 전, 가수가 온 교회 축제에 문화상품권을 준다기에 갔던 것이 첫 교회 출석이었습니다. 그 뒤에 아무런 느낌 없이 교회 다니기가 너무 힘이 들어서 이젠 더 이상 교회를 가지 않겠다고 마음먹었죠. 그 후 누나는 6개월 동안 매주 전화를 해서 교회에 오라고 권했습니다. 저는 싫은 마음에 핸드폰을 끄기도 하고 지금 가고 있다며 거짓말로 피하기도 했습니다. 수신 거부도 해 보았고요. 때론 화가 나서 전화하는 누나에게 욕을 하기도 했습니다.

그런데 누나는 한 번도 포기하지 않고, 다른 핸드폰으로 바꾸어가며 저한테 한번 나오라고 하더군요. 피하기도 너무 힘들고 짜증 나서 가겠다고 나 좀 데리러 오라 했더니 전도사님과 함께 진짜 집 앞까지 온 것입니다. 그래서 전 할 수 없이 져주는 척 '한번 나가보자.'는 마음으로 갔는데, 전도사님은 저에게 "하나님 한 번 믿어보자." 이런 소리를 하는 거예요. 전 그때 "그딴 게 있으면 내 눈 앞에 데려오라."고 "하나님 같은 거 없다."며 억지를 썼습니다. 저는 교회에 가서 기도하며 우는 사람들을 보면 욕을 했고, 찬송 들을 때 이어폰을 끼고 발라드를 들었습니다. 날 위해 기도해주는 사람을 밀쳐내면서 화까지 냈었습니다.

그런 제게 변화가 생겼습니다. 어느 날, 예배를 드리다가 말씀 도

중 "네가 어떠한 상황에 처해 있다 하더라도 하나님은 네 편이다."라는 말을 듣고 '나 같은 놈도 하나님이 사랑하고 편들어 주시는구나.' 하는 생각이 들면서 저도 모르게 통곡했습니다. 이후, 그렇게 좋아하던 담배와 술을 끊게 되었고 지금은 문신도 지우려고 합니다. 저를 변화시킨 하나님이 너무 놀랍습니다. 또 저는 요즘 누군가를 돕는 것이 너무 즐겁습니다. 남들을 괴롭히는 것이 낙이었던 제 인생이 이제는 돕고 싶은 인생으로 바뀌었습니다.

저에겐 꿈이 있습니다. 내년 4월에 있는 검정고시를 준비해서 합격하고 대학을 가서 공부하는 겁니다. 물론 남들을 돕는 일도 계속 하고 싶습니다. 이렇게 인생 밑바닥까지 떨어졌던 저 같은 사람도 하나님은 큰 사랑으로 안아주시고 조금씩 변화시키셨습니다. 아직도 부족하지만 저의 변화에 스스로도 놀라곤 합니다. 전 기왕이면 하나님께 제대로 쓰임 받고 싶습니다. 내 인생에서 내가 주인공이 아니라 하나님이 주인이 되셔서 하나님의 나라에 크게 쓰임 받는 멋진 남자가 되길 기도하고 있습니다. 제 친구들은 저에게 미쳤냐고 말하며 알코올 중독자가 왜 술을 피하냐는 그런 소리를 참 많이 했습니다. 남들이 저를 이상한 사람처럼 봐도 상관하지 않습니다. 이제 사람들이 날 어떻게 바라보는지 중요하지 않습니다. 하나님께 인정받고 싶거든요.

사랑과 관심은 듣는 것이다. 관심이 생기면 이야기가 들리게 된다. 너는 돌아가서 내 백성의 주권자 히스기야에게 이르기를 왕의 조상 다윗의 하나님 여호와의 말씀이 내가 네 기도를 들었고 네 눈물을 보았노라 내가 너를 낫게 하리니 네가 삼 일 만에 여호와의 전에 올라가겠고(열왕기하 20장 5절)

하나님은 히스기야의 기도와 이야기를 들었다. 하나님은 지금 우리의 기도도 듣고 있다. 우리를 향한 관심과 사랑 때문이다. 느헤미야가 예루살렘 성의 소식을 듣고 울었던 것처럼 사랑과 관심은 듣고 함께 아파하는 것이다. 청년 사역을 하다 보면 그들의 이야기를 많이 듣게 된다. 그리고 그들과 함께 울게 된다.

한 자매가 찾아와서 충격적인 이야기를 했다. 자기가 교제하고 있는 남자 친구가 유부남이라는 것이다. 순간 하나님 앞에 기도했다.

"하나님 어떻게 반응해야 할까요? 헤어지라고 말할까요? 혼을 낼까요?"

내 마음속에 하나님이 주신 감동은 자매의 이야기를 계속 들어주라는 것이었다. 나는 한 시간 동안 자매와 유부남인 남자 친구와의 사랑 이야기를 들어야 했다. 그런데 이야기를 듣는 도중, 너무 가슴이 아파오면서 나도 모르게 주체할 수 없는 눈물이 흘러내렸다. 나는 단 한 번도 그 자매에게 "회개해야 한다. 그건 죄다. 하나님이 기뻐하시지 않는다."며 정죄한 적이 없다. 그런데 놀라운 일이 일어났다. 내 눈물을 보고 있던 자매가 자신의 죄를 인정하며 함께 울며 회개하기 시작했다. 스스로 알고 있었던 것이다. 누군가 자신의 이야기를 들으며 무너진 자신의 삶을 위해 함께 아파해주길 바라고 있었던 것이다.

사랑과 관심은 그들의 이야기를 듣게 한다. 그리고 정죄함보다 함께 아파하게 한다. 놀라운 점은 이 자체만으로 치유와 회개가 임하게 된다는 것이다. 사랑과 관심은 보이고 들리는 것에서 끝나지 않고 반드시 간절한 눈물과 연결된다. 그래서 우리 주님께서도 나사로의 무덤 앞에서, 무너지고 멸망할 예루살렘의 미래 앞에서 눈물로 반응하셨다. 결국 죽은 나사로는 살아났고, 이스라엘은 역사 속에서 나라를 되찾았다. 나는 주님의 눈물이 닿는 곳에 회복이 있고, 치유가 있음을 믿는다. 그래서 우리 공동체는 이 믿음으로 사역한다. 우리가 예수님의 눈물을 흘릴 수는 없지만, 예수님의 마음으로 울 수는 있다. 나의 하나님은 반드시 이 눈물을 쓰시리라 믿는다.

나와 함께 간사로 섬기던 자매가 있었다. 어느 날, 주일 예배를 마치고 밖으로 나와 청년들과 인사를 하려고 하는데 그 자매가 울고 있었다. 많은 리더가 주위에서 웅성거리고 있었다. 왜 그러냐고 물었더니 어떤 남자가 교회로 와서는 그 자매의 따귀를 때리고 욕을 하고 그냥 가버렸다는 것이다.

그 자매를 불러 물었다. "누가 그랬니? 그 남자가 누구야?" 그랬더니 자매가 울면서 "○○ 형제의 동생이에요."라고 말했다.

내용인즉 한 청년이 자기 동생한테 교회 나오라고 한 번만 전화를 해달라고 부탁을 한 것이다. 그래서 간사님은 부담 없이 함께 예배하자며 전화를 했는데, 동생이라는 친구가 너무 예민한 상태에서 전화를 받아 육두 문자를 써가며 욕을 하더라는 것이다. 그러면서 "내가 가만히 안 둘 거니까 당신 교회에 기다리고 있어!"라며 전화를 끊고는 진짜 택시를 타고 교회로 왔다. 그리고 자매의 따귀를 때린 후 욕을 하고 사라진 것이다.

울고 있던 자매에게 다가가 물었다. "억울하니?" 그러자 자매가 대답했다. "아니요. 그 아이가 너무 불쌍해서요." 순간 내 귀를 의심했다. 자매의 대답은 사람이 할 수 있는 말이 아니었다. 그건 예수님의 언어였다. "그 아이가 불쌍해서요." 이것은 예수님의 대답이며 예수님의 성품이다. 그런데 나와 함께 섬기는 자매 간사님의 입에서 이런 말이 나온 것이다. 마치 예수님이 십자가 위에서 죄인인 우리를 향해 말씀하신 내용과 같았다. "아버지, 저 사람들을 용서하여 주십시오. 그들은 자기가 하는 일을 모르고 있습니다(누가복음 23장 34절)."

자매 간사님의 눈물은 예수님의 눈물이었다. 이런 일꾼이 있는 이 공동체에 어찌 생명을 주시지 않겠는가? 하나님의 눈으로 영혼을 바라보라. 하나님의 귀로 그들의 이야기를 들어보라. 하나님의 마음으로 그들을 위해 눈물 흘려보라. 하나님은 우리에게 생명을 선물로 맡겨주실 것이다. 하나님은 지금도 이런 눈물을 가진 공동체를 찾고 계신다. 그리고 그 공동체 속에서 놀라운 일들을 이루어 가신다.

우리 공동체가 성장하고 부흥하는 가장 큰 이유는 바로 예수님의 마음을 가진 청년들이 이 시대와 아파하는 사람들을 부둥켜안고 지금도 울고 있기 때문이다. 많은 청년이 주님의 마음을 가지고 사역한다. 우리 공동체는 돈도 없고, 실력도 없고, 훈련된 사역자도 없다. 심방할 돈이 없어서 점심 값을 아껴 심방을 하고, 머리카락을 잘라야 할 돈을 가지고 청년들을 만나고 있다. 그러나 우리에게는 하나님의 마음을 가진, 주님의 눈물로 사역하는 청년들로 가득하다. 여전히 많은 문제를 가지고 있지만, 그 모든 단점을 덮을 수 있는 위대한 강점이 바로 주님의 마음으로 기도하고 사랑하고 사역한다는 것이다. 이렇게 주님의 마음을 가진 청년들이 사람을 변화시키기 시작했다.

청년 간증 02

새사람을 꿈꾸게 하시는 하나님 🌼

안녕하세요. 저는 주님의 심장팀에 ○○○이라고 합니다. 나의 아버지는 술에 의지해서 사는 알코올 중독이었습니다. 집안에는 빚이 많아 어머니는 제가 11세 때 일본으로 돈을 벌러 가셨습니다. 학교를 다닐 때에 엄마 없는 티를 안 내려고 노력했습니다. 그때부터 강한 척 하고, 무엇이든 혼자서 해결해야 한단 생각이 몸에 배게 된 것 같습니다. 그래서 열심히 공부를 했고 여전히 반장이나 부반장을 맡으며 학교생활을 했습니다. 세상 속에서 성공을 하려면, 공부를 열심히 해야 된단 생각에 앞만 보고 달린 저는 그렇게 좋지도 나쁘지도 않은 서울 4년제 대학에 입학을 했습니다.

원래 내 꿈은 작곡가였지만 어려운 가정 형편에 음악 공부는 생각지도 못하고 있었습니다. 그러나 그 꿈은 사라지지 않아 결국 휴학을 하고 여러 가지 알바를 하며 그나마 저렴한 실용음악학원에 등록하여 작곡 공부를 시작했습니다.

그렇게 1년 반 동안 대학입시를 다시 준비했지만 결과는 실패였고, 그때 어린 제가 한 생각은 '많은 돈을 주고 좋은 선생님과 좋은 학원을 찾아서 배우면 될 거야.'라는 것이었습니다. 그때부터 주말 알바로 노래방 도우미를 하게 되었습니다. 성매매는 아니고, 옆에서 술 따라주고 비위 맞춰주면서 일을 하면 주말만 일해도 한 달에 160만 원가량 벌 수 있었습니다. 자괴감이 심했지만 그 돈으로 비싼 레슨을 받고, 평일엔 연습을 할 수 있다는 사실을 위안으로 삼았습니다. '주말에만 잠깐이다.' 매번 생각해도 그 일이 내 영혼을 심하게 갉아먹어가고 있다는 것을 애써 외면한 채 1년 반 정도 그렇게 시간을 보냈습니다.

그러던 중 한성교회에 나오게 되었습니다. 물론 교회 출석은 처음이었고 예배를 드린 것도 처음이었습니다. 예배 분위기는 예상과 달리 열정적이었고, 활기찬 분위기가 마치 콘서트 장에 있는 것처럼 느껴졌습니다. 내 또래의 청년들이 뜨겁게 예배하는 모습에 깜짝 놀랐고, 목사님의 설교도 정말 좋았습니다. 그 설교와 말씀은 마음속에 깊이 박혀 일주일 동안 생각이 나고, 한 주를 살아가는 기준이 되었습니다.

　　2013년 7월 첫째 주 주일에 예배 후 기도회를 하게 되었는데 그곳에서 이상한 경험을 하게 되었습니다. 이 경험을 할 당시에는 하나님을 향한 믿음이 전혀 없었고 큰 소리로 기도하는 시간 역시 처음이어서 기도회 시간 내내 뒷자리에 앉아 눈을 감고 있었습니다. 그런데 갑자기 아주 키가 큰 하얀색 사람 형태들이 기도하는 청년들 사이사이에서 일어나는 모습이 보이는 것입니다. 꿈인가 싶어 눈을 떴더니 보이지 않았고, 다시 눈을 감자 생생하게 다시 나타났습니다. 그 형상들은 기도하는 청년들 사이사이에서 기도를 듣고 있었습니다.

　　듣지도 보지도 못한 경험이 너무나 두려워 덜덜 떨며 그 자리에 있었는데, 그때부터 저도 울면서 기도를 시작했습니다. 지금까지의 삶에 깊은 회개를 시작했고, 얼마 지나지 않아 갑자기 하얀 구름 같은 것이 내게 휘몰아쳐 내 더러운 영혼을 갈기갈기 찢는 것을 경험하게 되었습니다. 너무나 두려운 순간이었지만 강력한 죄사함을 체험했고, 위대한 하나님을 부인할 수 없게 되었습니다.

　　그 이후 많은 쓰러짐과 일어섬은 반복이 되었고, 그때마다 나를 붙들어 준 것이 같은 팀 언니들과 동생들이었습니다. 그들의 섬김은 여전히 부족한 나를 참아주고, 기다려주고 나를 위해 기도해주었습니다. 그때마다 나는 새롭게 일어났고 지금은 하나님 안에서 새로운 삶을 살 수 있는 사람이 되었습니다.

나는 이게 우리 공동체의 힘이며 자랑이라고 생각한다. 한 사람을 향한 관심과 사랑이 사람을 살리는 것이다. 사람을 바꾸는 건 돈이 아니다. 실력이 아니다. 지방 사람과 서울 사람이 다른 것은 무엇도 없다. 다 같은 영혼이다. 서울이라서 지방과 다른 방법이 있어야 하는 것도 아니다. 관심과 사랑이라는 중심 하나면 충분하다.

　　결국 이런 의미에서 부흥은 방법이 아니다. 하나님의 마음을 이해하는 것이고, 그 중심을 가지는 것에서 시작한다. 하나님은 지금도 청년을 사랑하는 공동체를 찾고 있다. 하나님은 이 중심을 가진 공동체를 통해 민족과 열방까지도 바꿀 수 있다. 하나님은 관심과 사랑으로 사역하는 공동체에 청년 부흥의 은혜를 주실 것이다.

CHAPTER

02

청년 부흥은
예배가 전부다

내가 한성교회 'New Acts 청년 공동체'에 와서 처음 했던 일은 예배하는 것이었다.

청년들의 입에서 "우리 예배, 너무 좋다."라는 말이 나올 때까지 예배에만 집중하기로 결정했다.

안 되는 공동체의 특징은 예배에는 먹을 게 없는데, 간식은 먹을 게 많다는 것이다. 요즘 누가 교회에 피자를 먹으러 오는가? 누가 치킨을 먹으러 오는가? 밖에 나가면 교회보다 더 맛있고 좋은 피자나 치킨이 차고 넘친다. 교회는 청년들에게 피자나 치킨을 먹이는 곳이 아니라, 은혜를 먹이는 곳이고, 복음을 먹이는 곳이다.

놀라운 것은 은혜를 먹은 청년은 반드시 변화를 경험한다. 그러나 가슴 아픈 현실은 많은 청년 공동체가 예배를 통해 은혜는 먹이지를 못하고, 간식이나 먹이고 있다는 사실이다.

교회 안에서 가장 무서운 사람이 누구인가? 은혜 없이 교회 다니는 사람들이다. 이런 사람들이 교회 안에 얼마나 많은가? 사실 이런 부류의 사람들이 교회 안에 수많은 문제를 일으키는 장본인이라고 말할 수 있다. 어쩌면 이 시대 교회가 가장 무서운 사람들을 만들어내는 공장일지도 모른다. 너무나도 무서운 말이다.

한성교회 'New Acts 청년 공동체'도 마찬가지였다. 청년부를 담당하던 좋은 평판의 사역자가 개척을 하면서 많은 청년이 교회를 떠났다. 재미있는 것은 청년들 스스로 선택받은 자와 선택받지 못한 자로 자기들을 나누고 있었다는 사실이다. 개척을 한 사역자에게 선택받은 좋은 청년들은 교회를 떠났고, 선택받지 못한 나부랭이들만 그곳에 남아있다는 것이다. 한마디로 한성청년회에 남아 있는 사람들은 선택받지 못한 실패자처럼 여기고 있었다.

이런 상황 속에서 1년에 한 번씩 사역자가 교체되어 공동체의 힘이 현저하게 떨어져 있는 상태였다. 이곳저곳에서 교회 지도자를 향한 좋지 않은 말들이 나왔고, 공동체는 교제중심으로 흘러가고 있었다. 이런 시점에 나는 한성교회로 부임했다.

내가 교회에 부임하자마자 가장 먼저 했던 일이 출석부에 이름이 올라있는 모든 청년에게 전화를 하는 것이었다. 한 명도 빠짐없이 전화하기 시작했다. 출석하지 않는 청년들은 대부분 교회를 옮겼고, 나머지 사람들은 한성교회 안에 스며들어 장년 예배를 드리고 있는 상황이었다. 나는 전화를 걸어 똑같은 이야기를 했다. "안녕하세요. 한성교회 청년 공동체에 새롭게 부임한 권기웅 목사라고 합니다. 마음 문 열고 청년 예배 다시 한 번만 와 주세요. 완전 좋을 거예요. 기름 부음이 있는 예배가 될 거예요."

얼굴도 모르는 청년들과 그렇게 통화를 했다. 반응은 제각기 달랐다. 어떤 청년들은 정말 반가워해줬다. 또 어떤 청년들은 이제는 더 이상 속고 싶지 않다고 이야기했다. 어떤 청년들은 청년 공동체에 무슨 일이 있든 자기와 상관없다는 듯이 이야기했다. 놀라운 일은 다음 주 예배 시간에 일어났다. 나는 전화만 했을 뿐인데 70명이 출석한 공동체가 103명으로 늘어난 것이다. 103명이란 숫자는 그 당시 우리 청년회가 한 번도 넘어 보지 못한 기적 같은 숫자였다고 한다. 얼굴 한 번 본 적 없는 목사의 부도 수표 같은 말 한마디를 듣고 찾아온 103명의 청년들을 보면서 나는 이런 생각을 했다.

'우리 청년들이 말하지는 않았지만 이들 속에 예배에 대한 기대와 갈망이 크게 자리 잡고 있었구나! 자기 자신도 자랑스러워할 만한 예배를 기다리고 있었던 거였구나!'

청년들은 지금도 기름 부음이 있고 변화가 있는 예배를 찾아 떠돌아다니는 철새와 같다. 너무나도 많은 청년이 은혜를 따라 예배를 찾아다닌다. 왜 요즘 젊은이들이 평일 저녁이면 유명한 찬양팀의 예배를 찾아가는가? 그 예배에 은혜가 있고, 기름 부음이 있기 때문이다. 뒤집어보면 자기 공동체의 예배만으로는 충족되지 않는다는 뜻이다.

많은 청년이 예배를 갈망하고 있다. 예배가 너무 절실하다. 그러나 많은 공동체가 이 부분을 간과한 채 사역하고 있다. 예배가 생명이라고 말하지만 정작 생명은 걸지 않는다. 예배가 중요하다고 말하지만 우선을 두지 않는다. 예배가 모든 것이라는 말만하지 어떤 도전도 없다.

미국 풋볼리그의 전설적인 감독, 보 스캠베클러의 이야기를 읽으면서 큰 감동을 받았다. 그는 20년간 승률 85%, 256승이라는 경이로운 기록을 세웠다. 이 기록은 10번의 경기 중 8~9번은 이기는 경기를 했다는 뜻이다. 그가 이런 대기록을 세우는 키포인트를 물었을 때 그는 이렇게 답했다. "기본기에 충실해라."

놀랍지 않은가? 우리는 특별한 훈련방법, 그만의 탁월한 리더십을 생각했겠지만, 그는 너무나도 간단하게 기본기가 그를 승리하게 만들었다고 말한다. 기본은 중요하다. 이게 무너지면 모두 무너진다. 신앙에도 기본이 있다. 기본을 무시한 모든 교회는 죽는다. 기본을 건너뛴 모든 교회는 병든다. 유럽교회는 완전히 죽었다. 영국에 몇백 년 된 교회는 이슬람 사원이 되었고, 나이트클럽이 되거나 게이 바가 되었다. 이는 기본을 무시한 결과라고 할 수 있다. 교회 공동체의 기본은 예배다. 예배라는 기본기를 잃으면 교회는 죽어가기 시작한다.

열왕기상 18장을 보면 이스라엘 공동체에 어려움이 나온다. 3년 반 동안 그 땅에 비가 오지 않았다. 가뭄이 얼마나 심한지 사람들이 굶어죽는다. 왜 이스라엘 땅에 이런 위기가 왔는가?

엘리야가 모든 백성에게 가까이 나아가 이르되 너희가 어느 때까지 둘 사이에서 머뭇머뭇 하려느냐 여호와가 만일 하나님이면 그를 따르고 바알이 만일 하나님이면 그를 따를지니라 하니 백성이 말 한마디도 대답하지 아니하는지라(열왕기상 18장 21절)

이스라엘은 하나님을 향한 예배가 완전히 사라지고 죽어 있다. 이스라엘이라는 신앙공동체가 예배라는 기본을 잃으니 나라가 망하고, 3년 반 동안이나 그 땅에 비가 안 왔던 것이다.

그때 엘리야라는 선지자 한 명이 기본으로 돌아가려고 발버둥쳤다. 엘리야가 외쳤던 기본이 바로 예배였다. 가뭄으로 사람들이 죽어나가니까 엘리야가 했던 방법이 무엇인가?

그가 여호와의 이름을 의지하여 그 돌로 제단을 쌓고(열왕기하 18장 32절)

비가 안 와서 가뭄으로 힘들다면, 상식적으로 물을 찾아야 하는 것 아닌가?

엘리야는 제단을 쌓고 예배했다. 엘리야는 이스라엘의 위기가 예배의 위기에서 시작되었음을 알았던 것이다. 이 시대 청년 사역의 위기는 청년 예배의 위기임을 알아야 한다. 많은 공동체에서 청년 예배 갱신 운동이 일어나야 한다. 그렇지 않으면 더 심각한 청년 사역의 가뭄이 찾아올 것이다.

놀라운 것은 엘리야 예배의 결과다. 예배가 살면 하늘 문이 열린다.

예배가 살면 인생이 살고 회복이 일어난다. 나는 청년들에게 이런 사실들을 가르쳐주고 싶었다. 아니 우리 공동체의 예배를 통해 그들에게 직접 보여주고 싶었다.

이스라엘의 초대 왕이었던 사울도 마찬가지였다. 성경을 보면 그의 키는 남들보다 머리 하나가 크고, 인품도 좋았고, 굉장히 잘생긴 사람이었다고 말씀한다. 거기다가 왕으로서의 자질까지 갖추었던 것 같다. 그럼에도 사울의 인생은 실패한다. 성경에 나오는 최초의 자살자가 된다. 이유는 사울의 예배가 죽으니까 인생도 죽은 것이다. 그의 예배가 끝장나니까 인생도 끝장난 것이다. 아무리 완벽한 스펙이 있더라도, 예배라는 기본을 잃은 성도는 망하고 무너진다.

한 형제가 일본 유학을 준비하며 학교에서는 교수님의 조교로 열심히 살고 있었다. 하루는 일본 유학을 도와주시는 교수님께서 주일에 연구실로 나오라고 이야기하셨다. 이 형제가 교수님에게 단호하게 주일이라서 연구실에 못 간다고 말씀을 드렸더니, 이 말을 들은 교수님이 화가 많이 나셨는지, "너, 일본 유학 그만두고 싶어? 아니면 지금 당장 연구실로 뛰어와!"라고 말씀하신 후 전화를 끊었다는 것이다.

그러고는 내게 전화가 왔다.

"목사님, 어떻게 해야 될까요?"

"○○아! 너 옳은 일 한 거 맞지? 그 일이 옳다는 것, 네 선택이 틀리지 않았다는 것 사람들한테 보여주면 좋겠는데……."

형제는 그날 연구실에 가지 않았다. 그는 일본 유학과 주일 예배를 맞

바꾸겠다고 결심했던 것이다. 결과적으로 일본 유학은 누가 갔겠는가? 두말하면 입 아프지 않겠는가? 당연 우리 청년이 일본 유학길에 오르게 되었다. 일본 유학을 가는 날, 그 형제가 했던 고백이 너무 귀하다.

"이 유학은 사람이 보낸 게 아닙니다. 하나님이 보내주시니 신실하게 인도하실 거예요."

나는 예배하는 인생이 망하는 걸 본 적이 없다. 설령 예배하다 망한다 하더라도 절대 후회하지 말라. 예수님을 죽음에서 부활하게 하신 우리 하나님이, 예배하는 우리 인생을 반드시 역전시켜주실 것이란 믿음을 가져야 한다.

또한 예배는 반드시 변화를 수반한다. 예배를 통해 하나님을 경험한 인생은 놀라운 변화가 일어난다. 나는 단 한 번의 예배를 통해 사람이 바뀐다는 믿음을 가지고 있다.

사사기 6장에 기드온은 오브라 상수리나무 아래에서 불이 임한 예배를 통해 하나님을 경험한다. 그 한 번의 예배가 기드온의 인생을 변화시켰다. 이것이 예배의 능력이다. 예배는 곧 변화다.

한 형제와 통화를 하는데 "죽어도 청년 예배에 나오기 싫다."고 정말 차갑게 이야기하는 것이다. "왜 그러냐?"고 물었더니 "자신은 교회에 상처를 받았고 앞으로 청년 예배도 안 나올 뿐더러, 이런 식의 전화도 하지 말아 달라."고 딱 잘라 말했다.

나는 포기하지 않고 전화했다. 그렇게 한 달 가까이를 통화하고 난 후, 2009년 8월 첫 주일에 그 청년은 결국 예배에 나오게 되었다. 찬양을 끝내고 설교를 시작할 때쯤 그 형제가 예배당으로 들어왔다. 내가 앞에서 보기엔 설교를 전혀 듣지 않는 눈치였다. 대부분의 시간을 엎드려 있었다. 그런데 다음 주에 또 다시 나온 것이다. 그리고 그다음 주에도, 그다음 주에도 그 청년은 예배에 나왔다.

그 형제는 지금 우리 공동체에 전도사가 되어 있다. 그 한 번의 예배가 이 청년의 인생을 송두리째 변화시킨 것이다. 그리고 그를 헌신시킨 것이다. 예배는 변화다. 예배는 사람을 바꾸고, 공동체를 바꾼다. 우리 공동체가 그렇게 예배에 집중한 결과 70명이었던 공동체는 불과 5개월 만인 2009년 12월에 240명의 청년 공동체로 성장해있었다.

기독교 역사상 가장 부흥했던 시기를 살펴보면 공통점을 하나 찾을 수 있다. 그것은 하나같이 그 시대에 기름 부음이 있는 예배가 있었다는 것이다. 초대 교회를 보면 예배를 통해 성령의 임재가 있었음을 알 수 있다. 초대 교회가 그렇게 부흥하고 성장했던 것은 바로 예배의 성공 때문이다. 종교 개혁 시대 때도 마찬가지이다. 청교도 시대도 그렇다. 하나같이 예배가 살아있는 시대였다. 예배를 통해 부흥이 시작되고, 예배를 통해 역사가 일어나고, 예배를 통해 회개운동이 일어났다.

예배의 성공은 시대의 부흥을 가져온다. 예배의 부흥은 공동체의 부흥을 가져온다. 예배가 곧 부흥이라는 공식이 성립되는 것이다. 부흥하는 청년 공동체를 가서 보라. 하나같이 그들의 예배에는 성령의 임재가 있고, 기름 부음이 있다. 그들의 예배는 살아있다. 예배에 감격이 있고,

눈물이 있다. 바로 예배가 부흥의 핵심이다.

예배를 드리기 직전 한 자매가 어떤 청년을 소개시켜준 적이 있다. 처음 본 사람이라 인사를 나누면서 얼굴을 봤는데 얼굴 전체에 근심이 가득했다. 다크서클이 코밑까지 내려와 있었다. 분명 토요일 밤 늦게까지 술을 마셨든지 아니면 게임에 중독된 사람이든지, 불면증에 시달리고 있는 모습이었다. 그렇게 인사를 하고 예배가 시작되었다. 찬양이 끝나고 강단에 올라가 설교를 하는데 그 청년은 왼쪽 제일 뒷자리에 앉아 설교를 듣고 있었다. 설교가 끝나고 기도회를 하는데 그 청년이 대성통곡을 하는 것이다. 알고 보니 그 형제는 주식투자를 하다가 투자금 전체를 다 날리고, 며칠 전까지 죽음을 생각하며 자살을 시도했다는 것이다. 근데 공동체 예배를 드리면서 그 형제는 다시 살아야겠다고 결단했고, 다시 살 소망을 가지고 돌아갔다는 것이다.

예배는 정말 위대하다. 하나님을 경험하는 예배는 사람을 살리는 예배가 될 것이다. 단 한 번의 예배가 진짜 죽음을 생각하며, 인생을 포기했던 이 시대 청년들을 살리는 능력으로 쓰임 받게 될 것이다. 나는 항상 기도한다.

"하나님, 우리 공동체의 예배를 사용하세요. 우리 공동체 예배를 통해 변화가 일어나고 하시고, 청년들이 살아나는 은혜를 주세요."

이제 갓 스무 살을 넘긴 대학 신입생을 심방한 적이 있다. 형제는 울산에서 신앙생활을 열심히 하던 친구였고, 아버지와 어머니는 고향에 있는 교회의 중직자였지만, 그 형제는 예배에 관심조차 없었다. 형제를 여러 번 심방했지만, 대학교 미식축구 동아리에 미쳐있었는지 주말이면 연습과 경기 때문에 예배를 드리지 못했다. 함께 사역하던 리더와 끊임없이 전화하고 심방했다.

"예배 한 번만 와 봐. 누가 아냐? 예배 한 번에 네 인생이 바뀔지? 그건 아무도 모르는 거야."

예배가 능력이라고, 예배 한 번에 인생이 바뀐다고 계속해서 이야기했다.

그리고 그렇게 예배에 오기 싫어하던 형제가 드디어 주일 예배에 나오게 되었다. 미식축구 경기 도중에 상대편과 충돌이 있었는데 그만 두 다리가 부러져 깁스를 하고 휠체어를 타는 신세가 돼버린 것이다. 두 다리에 깁스를 하고 나타난 그 모습이 얼마나 웃기던지 속으로 고소하다고 생각했다. 그런데 놀랍게도 정말 그날 한 번의 예배가 그 형제를 바꾸어 놓은 것이다. 그 후부터 예배를 빠진 적이 없다. 그는 기숙사에 살고 있었는데 새벽이면 담을 넘어서 새벽기도회를 나오고, 전도 축제가 되면 기숙사 전체 학생들을 전도하는 것이 목표가 돼버린 청년으로 변화했다.

그리고 그해 하계수련회를 통해 인생이 완전히 바뀌는 연타석 은혜를 받은 것이다. 그는 지금 우리 공동체를 섬기는 전도사가 되어 청년들에게 항상 이렇게 말한다.

"한 번의 예배가 인생을 바꾸는 능력이 있습니다. 내가 그 증거입니다."

놀랍지 않은가? 우리는 예배에 모든 것을 바쳐야 한다. 예배를 통해 사람이 바뀌고 변화하기 때문이다. 한 번의 예배로 인생이 바뀌고, 사역자가 세워지고, 헌신자가 나타나는 것이다.

예배를 통해 변화된 삶 🌿

안녕하세요. 저는 주빛팀의 ○○○이라고 합니다. 저에게는 정신지체 장애를 가진 언니가 있습니다. 어려서부터 저는 언니에게 모든 걸 양보해야 했습니다. 엄마의 사랑 또한 양보했습니다. 초등학교 저학년 때 하굣길에 비가 와서 모든 부모가 마중을 나오는 그때도 저는 비를 맞으며 쓸쓸하게 혼자 집으로 가야 했습니다. 엄마는 늘 언니에게 먼저 달려갔기 때문입니다. 저의 아버지는 언니의 장애를 인정하지 못하고 가족들에게 소홀하고 무심했던 가장이었습니다. 이러한 환경 속에서 저는 늘 사랑에 목말랐던 아이로 자라왔습니다.

대학에 들어갈 즈음에 저는 처음으로 남자 친구를 사귀게 되었습니다. 그때 당시 이 세상에 유일하게 날 사랑해주고 인정해주는 사람은 남자 친구밖에 없다고 생각했습니다. 저는 점점 모든 것을 남자 친구에게 의존하며 집착하는 경향으로 변하게 되었고 결국 남자 친구는 부담을 갖게 되어 우리는 헤어지게 되었습니다. 집으로 돌아오는 길, 다시 혼자가 된 것 같아 그동안 쌓여있던 울분이 터져 나왔습니다. 나를 다시 외롭게 하신 하나님도 원망스러웠습니다. 엄마도 아빠도 원망스러웠습니다. 저는 집에 들어가 방바닥을 굴러가며 아무도 날 사랑해주지 않는다고 다 떠났다며 반쯤은 미친 여자처럼 울부짖었습니다.

그 이후부터 저는 달라졌습니다. 나를 이렇게 만든 것은 다 가족들 탓이라며 대화를 단절하며 삐뚤어지기 시작했습니다. 매주 나가던 교회도 발걸음이 뜸해졌습니다. 결국 나를 버린 것 같은 하나님이 원망스러워 10년을 넘게 섬기던 교회를 떠났습니다. 이런 딸이 걱정되어 부모님이 나에게 한마디라도 할 때면 저는 소리 지르며 간섭하지 말라고 욕하며 대들었습니다. 그때 당시에는 나를 사랑해줄 또 다른 사람이 필요했습니다. 매일매일 친구들과 어울려 술을 마시고 주말이면 홍대 클럽에서 남자들을 만났습니다. 하지만 클럽에서 가볍게 만난 남자들에게선 기대했던 사랑을 얻을 수 없었습니다.

이런 생활이 계속 반복되며 악순환 되었고 날이 갈수록 제 삶은 피폐해져 갔습니다. 더 큰 공허함만이 저를 힘들게 할 뿐이었습니다. 그러던 어느 날, 불현듯 이렇게 살아가면 안 되겠다 싶었습니다. 패배자처럼 살아가는 게 싫었고 벗어나고 싶었습니다. 그냥 무작정 그동안 발길을 끊었던 교회를 가기로 했습니다. 동네에 가까운 교회를 알아보고 그렇게 오게 된 교회가 지금의 교회였습니다.

　예배가 시작되고 찬양을 하는 순간 가사가 하나님의 음성처럼 들려왔습니다. "하나님은 너를 만드신 분, 너를 가장 많이 알고 계시며, 하나님은 너를 만드신 분, 너를 가장 깊이 이해하신단다." 나의 외로움과 사랑에 대한 목마름을 그 어느 누구보다 하나님은 잘 알고 계셨고 그런 나를 이해하고 사랑한다고 말씀해주셨습니다. 흘러넘치는 눈물을 주체하기 힘들었습니다. 찬양부터 시작해서 말씀을 듣고 기도하는 시간까지 저는 계속 눈물을 흘렸습니다. 지금까지의 설움과 내 안의 상처를 하나님 앞에 토해냈습니다. 사람이 주는 사랑은 언젠간 변하지만 하나님이 주는 사랑은 영원하다는 깨달음도 주셨습니다. 제 마음은 순간 평안함으로 가득했습니다. 말로 표현할 수 없는 기쁨이 가득하고 다시 일어설 수 있는 힘이 생겼습니다. 그때 예배를 통해 제 삶은 완전히 변화되었습니다. 단 한 번의 예배가 나를 이렇게 바꾸고 변화시킨 것입니다.

　이것이 예배의 위력이다. 잘 드린 예배 한 번은 인생을 송두리째 바꾸기에 충분하다. 한 번의 예배가 끼치는 영향을 말로 표현할 수 있을까? 그 영향력은 이루 상상할 수 없을 것이다. 예배는 죄를 끊어내고, 상처가 치유되고, 비전을 발견하고, 하나님을 만나게 한다. 예배를 통해 어떻게

든 살아계신 하나님, 나를 구원해 주신 하나님을 만나야 한다.

예배학의 세계적인 권위자인 폰 알멘(J.J. Von Allmen) 교수는 "진정한 예배는 그리스도와의 만남의 사건이 일어나야 한다."고 했다. 청년들이 왜 교회를 떠나는가? 그들이 교회에 찾아온 목적을 이루지 못해서다. 그들은 예배를 통해 변화를 요구한다. 그들의 눈빛이 그것을 말해 준다. 그래서 예배가 살면, 모든 것이 살게 된다. 예배가 회복되면, 모든 것이 회복되는 것이다. 우리는 청년 공동체의 예배를 통해 하나님을 만나야 한다. 예배만이 우리가 살 길이다. 청년 사역은 예배만 잘 드려도 부흥한다.

사도행전 13장을 보면 안디옥 교회가 등장한다. 사실 안디옥 교회는 모든 사역자가 닮고 싶어 하는 모델과 같은 교회다. 주를 섬겨 금식할 때에 성령이 이르시되 내가 불러 시키는 일을 위하여 바나바와 사울을 따로 세우라 하시니(사도행전 13장 2절)

성경을 보면 "주를 섬겨 금식할 때에"라고 말한다. 이 말은 봉사나 섬김의 뜻도 있지만, 실제로 예배를 뜻한다. 공동번역은 "주님께 예배 드리고 있을 때"라고 번역을 했다.

쉬운 성경 번역을 봐도 마찬가지다. "하루는 그들이 금식하며 예배를 드리고 있는데, 성령께서 너희는 바나바와 사울을 따로 세워 내가 두 사람에게 맡긴 특별한 일을 하게 하여라"고 번역한다.

안디옥 교회는 타성에 젖은, 생기 없는 예배를 드리는 교회가 아니었다. 그들은 신령(영)과 진정(진리)으로 예배를 드렸고 그 예배 속에 하나님의 영이 임재하며 기름 부음이 있는, 각 심령을 새롭게 하시는 예배가 살아있는 교회였다. 놀라운 것은 안디옥 교회가 이런 예배를 기대하고 준비하며 금식까지 했다는 사실이다. 더 좋은 예배, 하나님이 만나주시는, 예배에 대한 교회의 몸부림이었다.

우리는 이 일에 생명을 걸어야 한다. 수많은 공동체가 예배의 중요성을 말한다. 하지만 그들은 예배를 위해 그 어떤 준비도 하지 않는다. 사실 예배의 완성도는 준비에서 비롯된다. 사실 예배의 수준은 "공동체의 중요성을 얼마나 인식했느냐"에서 판가름 난다. 공동체의 의식이 부족하면 완성도 있는 예배를 기대하고 준비하기 어렵다.

그러기 위해 예배는 반드시 준비되어야 한다. 준비되지 않는 예배는 그 누구에게도 영향을 미칠 수 없다. 세상의 쇼도 정확한 기획과 철저한 준비를 통해 좀 더 완벽한 모습을 사람들에게 보이려고 한다. 하지만 이 시대 교회의 예배는 그렇지 않다. 허술하기 짝이 없고, 보잘것없이 준비한다. 나는 청년들에게 "우리의 가치는 우리가 매기는 것이다."라고 항상 말한다. 우리 예배의 가치는 우리 스스로 매기는 것임을 기억해야 한다. 세상에서 하는 쇼나 콘서트보다 준비하지 않는다면, 우리 예배는 그런 것들보다 가치 없음을 우리 스스로 증명하고 있는 것이다. 그래서 우리가 할 수 있는 한 예배를 위해서 준비해야 한다. 그것도 아주 치밀하고 정확하게 준비해야 한다.

이런 의미에서 우리 공동체는 금요성령집회 후에 모든 청년이 주일 예배를 위한 강단기도회를 새벽 1시까지 실시한다. 많은 청년이 주일 예배 가운데 기름 부음이 임하길 소망하며 기도한다. 찬양과 설교, 설교 후 기도회 등 예배의 모든 순서를 위해 기도하고, 찬양을 인도하는 예배 인도자와 설교자 그리고 모든 순서를 맡고 있는 예배 담당자들을 위해 기도한다. 리더들은 자신이 돌보고 있는 소그룹의 영혼들을 위해 그들의 이름을 한 명, 한 명 불러가며 기도하고, 어떤 지체들은 예배하는 본당의 자리를 옮겨 다니며 기도한다.

하루는 금요성령집회 후에 본당에서 기도하던 한 권사님이 내게 찾아오셔서 이렇게 말씀하셨다. "목사님, 청년부에 하나님의 부흥이 임할 거예요." 예언 아닌 예언 같은 짧은 한 마디 말이었지만, 나에게 잊히지 않는 말이었다.

또 한 집사님은 내게 봉투 하나를 주고 가셨다. 그 봉투 위에 이렇게 적혀 있었다.

〈내일 필요한 물건 사려고 은행 가서 찾아왔는데, 청년들 기도하는 모습에 감동해 헌금합니다. 작지만 이 물질이 생명 살리는 일에 쓰임 받았으면 좋겠어요.〉

여기에 다 적지 못하지만 수많은 성도님께서 이렇게 헌금해주셨고, 용기를 주셨고, 기도해주셨다. 정말 감사했다. 나 혼자 치르는 외로운 싸움이라고 생각했다. 아무도 알아주지 않는 일이라고 생각했는데, 하나님이 보고 계셨고, 하나님이 돕는 사람을 보내주셨다. 하나님은 예배를 위한 우리의 작은 몸부림에 기도의 동역자들을 붙여 주셨다. 예배를 준비하는 일은 절대 헛된 일이 아님을 기억해야 한다.

그렇게 많은 동역자의 기도로 준비된 예배는 정말 능력 있게 역사했다. 때로는 예배 전체가 설교하는 사람과 듣는 청중들까지도 모두 눈물바다가 되었고, 때로는 한 번의 예배에 많은 헌신자가 세워지기도 했다. 한 번의 예배에 수많은 새 가족이 예수님을 영접하고 하나님께 돌아오기도 했다.

우리는 안디옥 교회처럼 금식하고 기도하며 예배를 위해 준비해야 한다. 생명을 건 예배 준비가 생명을 살리는 예배가 된다는 사실을 잊지 말라. 하나님은 지금도 이렇게 준비된 예배를 찾고 있다.

기도로 준비하는 것뿐만 아니라, 예배의 진행을 리허설하고 영상을 확인하고, 특별순서를 점검하고, 등장과 퇴장 경로를 체크하는 것은 이제 우리 공동체에 당연한 일이 되어 버렸다. 예배의 각 순서는 다음과 같이 준비한다.

① 찬양단

수요일까지 찬양 콘티가 나오면 1차적으로 악기팀에서 자발적으로 연습을 한다. 그리고 편곡이 필요하다면 담당하는 팀이 편곡을 하고, 토요일 오후 2시에 전체 모임을 가지게 된다. 세 시간가량 이어지는 연습은 찬양 인도자 지도 아래에 이루어지며 철저하게 예배를 준비한다. 또한 주일 예배 한 시간 전에 예배를 위한 찬양단 기도회를 가진다.

② 특송

특송은 헌금 시간을 통해 할 수 있다. 특송자는 미리 신청을 받는다. 반드시 예배 리허설을 할 때 특송자를 점검하고, 리허설을 통해 예배에 설 만한 준비가 되지 않았거나 실력이 되지 않는다면 과감하게 강단에 서지 못하게 한다. 잔인하게 들릴지 모르겠지만 이것은 하나님을 위해서나 전체 예배를 위해서, 또한 청중을 위해서 옳은 일이라 생각한다. 한 번은 한 형제가 특송을 하는데 모든 청년이 나를 한 번 보고 특송자를 한 번 보았다. 곧 특송을 들으니 청년들이 왜 저렇게 반응하는지를 알게 되었다. 그는 그냥 노래를 좋아하는 사람이지, 절대 대중 앞에서 노래를 하면 안 되는 형제였다. 나는 예배 담당자를 불렀다. "리허설 했나요?" 그랬더니 담당자가 "청년부실에서 컴퓨터로 반주 틀어놓고 노래 할 때는 잘했는데요."라고 말하는 것이다. 내가 얼마나 화를 냈던지, 그날 왔던 새 가족이 그 모습을 보고 목사님이 좀 과격하신 분이라며 나를 어려워했다는 후문을 들었을 정도였다. 그 이후부터 모든 특송에 대한 리허설을 철저히 실행한다. 리허설이 되지 않은 경우 우리는 무슨 일이 있어도 강단에 세우지 않는다.

③ 정확한 큐시트(Que-sheet)의 준비

우리는 매주 아주 정확한 예배 큐시트를 준비한다. 이런 큐시트를 위해서 월요일, 토요일 두 번에 걸쳐 사전 모임을 가지고, 토요일 오후에는 준비된 큐시트로 리허설을 갖는다. 사람들은 큐시트를 단순한 순서지 정도로 생각할지 모르지만, 거기에는 그날 예배의 모든 것이 담겨져 있다. 마이크가 몇 개가 필요한지, 언제 누가 어떻게 움직여야 할지 구체적인 예배의 실황이 담겨져 있다고 봐야 한다. 그리고 사전에 준비된 큐시트 이외에 어떤 것도 예배에 갑작스럽게 첨가시키지 않는 것을 원칙으로 한다.

④ 예배 피드백

주일 리더모임에는 잔인한 예배 피드백 시간을 가진다. 그 시간에는 그날 예배에 장점과 단점, 그리고 개선해야 할 사항에 대해서 나누게 된다. 청년 리더 150명이 그 주 예배를 드리고 소리의 상태, 찬양단의 준비, 설교까지 예배의 전반적인 모든 것을 이야기한다. 누군가의 편함은 누군가의 불편함이 있어야 가능하기에, 힘들지만 우리 스스로가 끊임없이 불편하게 예배를 준비해야 편안하게 예배를 드리는 청년들이 더 많이 일어나게 될 것이다.

우리 예배를 세상의 쇼나 콘서트만큼 준비할 수는 없지만 우리가 가진 자원 내에서 최선을 다해 예배를 준비할 수 있어야 한다. 이것이 우리가 반드시 해야 할 일인 것이다. 예배가 쇼보다 못한 것이 아니기에 그런 것들보다 더 많은 준비를 할 수 있어야 한다는 마인드를 가져야 한다. 예배가 세상의 콘서트보다 못한 것이 아니기에 최선을 다해 예배를 준비해야 한다. 우리는 스스로 예배를 가치 있는 것으로 만들어야 한다. 그때에야 진정한 예배의 능력을 맛보게 될 것이다.

설교에 대한 연중 계획

나는 청년 설교가 연중에 몇 가지 주제에 대해 반복적인 설교 커리큘럼이 필요하다고 생각한다.

이를테면 예배(주일성수)에 대한 설교는 연초와 학기 중 중간 기말 고사 기간을 기점으로 설교가 필요하다. 그래서 나는 연중 4회를 반드시 설교한다.

비전에 대한 설교는 대학생이든 직장인이든 상관없이 청년의 시기에 가장 필요한 설교 중에 하나다. 그래서 나는 분기별로 한 번씩 비전에 대해 이야기한다.

시간 관리에 대한 설교도 마찬가지다. 매년 1회 이상 게으름이나 시간에 대한 설교를 준비한다.

기도에 대한 설교는 연 6차 이상 있는 특새(특별새벽기도)를 위해 기도 동기부여 설교를 연 매년 4회 이상 실시한다. 전도에 대한 설교는 1년에 크게 두 번 있는 전도 축제를 위해 연 5회 이상을 준비한다. 특별히 전도 설교는 설교뿐만 아니라 전도 소그룹 교재를 따로 마련하고 설교를 통해 뿐만 아니라 소그룹 성경공부를 통해 이중으로 동기부여를 한다.

단순히 전도하자라는 식의 설교가 아니라, 지금까지 전도 축제를 준비하면서 가지고 있는 정확한 데이터들을 활용하여 출석인원 몇 명 중에 몇 명이 작정에 참여했고, 또한 작정한 몇 명 중에 몇 명이 실제 전도에 동참하고 있는지를 정확히 파악한다. 이를 설교를 듣는 청년들에게 제시함으로써 작정하지 못한 사람들에게 한 번 더 작정할 수 있는 동기부여를 하고, 작정은 하고 전도에 동참하지 못하는 청년들에게는 참여할 수 있도록 강력히 도전한다.

내가 직접 전도 설교를 하면서 사용한 예를 들어 보겠다.

"생명을 살리는 일에 있어서는 시간의 수고도 있지만 반드시 물질적인 수고도 뒤따른다. 오늘 본문에 강도 만난 사람을 도와주는 사마리아인을 보라. 자신의 돈을 들여서 기름과 포도주를 상처에 바르고, 심지어 35절에는 주막 주인에게 돈까지 주면서 그 사람을 부탁하는 것을 볼 수 있다. 태신자들한테 돈 주고 밥 좀 사먹여라. 사람은 원래 얻어먹고는 부담이 돼서 못 산다고 한다. 얻어먹은 사람은 반드시 다시 토해내게 되어 있다.

어제 확인해 보니 900명 작정자 중에 520명 정도만이 이번 축제에 참여하고 있었다. 나머지는 뭔가? 태신자에게 시간도 안 쓰고, 돈도 안 쓰고, 희생도 수고도 하지 않겠다는 것이다. 제발 한 생명을 위해 수고해 달라."

기도 없는
부흥은 없다

한국교회 청년들이 교회를 떠나고 있다. 실제로 교회들을 면밀히 살펴보면 젊은이들이 현저하게 줄고 있음을 알 수 있다. 한국교회 전체가 줄고 있지만, 그것을 주도하고 있는 것이 바로 청소년과 청년들의 이탈이다.

내가 한성교회에서 청년 사역을 처음 시작했을 당시에도 가슴이 너무 아팠다. 이렇게 아름답고 예쁜 예배당에 장년 성도는 900명이 되는데, 청년은 70명에 불과했기 때문이다. 그것도 교회의 이곳저곳을 섬기다가 사역의 과중함에 지쳐버린 청년들, 하나같이 교회를 옮길까 생각하는 청년들, 아니 중직자인 부모님 때문에 옮길 생각조차 못하고 있었던 청년들이었다.

"이런 상황 속에 사역자로서 내가 할 수 있는 것이 뭐가 있을까?"를 생각했다. 기도밖에 없었다. 2009년 내가 한성교회로 사역지를 옮긴다는 이야기를 들은 선배 목사들이 하나같이 잘못된 결정이라고 말했다. 너무 많은 사람이 그렇게 말을 하니까, 마음이 너무 어려웠다. 금요일 오후 캠퍼스 심방을 마치고 교회로 들어와 하나님과 담판을 지어야겠다는 생각으로 예배당에 들어갔다. 세 시간 동안 하나님과 씨름했다. 하나님의 대답은 너무 간단했다.

<u>좁은 문으로 들어가라 멸망으로 인도하는 문은 크고 그 길이 넓어 그리로 들어가는 자가 많고</u>(마태복음 7장 13절)

하나님은 내가 좁은 길로 가기를 원하셨다. 어디가 좁은 길입니까? 물어볼 필요조차 없었다. 1000명의 공동체? 70명의 공동체? 나는 주저 없이 좁은 길이라고 생각되는 곳을 선택했다. 그렇게 기도로 결정했던 한성교회 'New Acts 청년 공동체'에 오게 된 것이다. 기도로 선택했던 공동체였기에 이곳에서 내가 할 수 있는 첫 번째 사역은 기도밖에 없었다. 청년들과 첫 대면을 하고 그날부터 철야를 결단했다. 기도하고 기도했다. "하나님, 우리 공동체에 부흥을 주세요. 청년들이 구름떼같이 몰려드는 부흥을 주세요." 매일 밤 정말 구체적으로 기도했다. 너무 간절했다.

그렇게 기도하면서 받은 말씀이 사도행전 2장의 초대 교회 모습이었다. 하나님은 초대 교회를 통해서 엄청난 일들을 이루셨다. 교회가 폭발적으로 부흥하고, 아시아와 유럽 전역을 복음화했다. 특별히 베드로는 단 한 번의 설교로 3000명을 회심케 했고, 많은 사람을 주님께 돌아오게 했다. 나는 베드로의 설교에 남다른 능력이 있었다고 생각하지 않는다. 사도행전을 보면 이유는 너무 간단했다.

여자들과 예수의 어머니 마리아와 예수의 아우들과 더불어 마음을 같이하여 오로지 기도에 힘쓰더라 모인 무리의 수가 약 120명이나 되더라 그때에 베드로가 그 형제들 가운데 일어서서 이르되(사도행전 1장 14~15절)

우리는 지금까지 베드로의 설교에만 관심을 가졌다. "아, 설교를 잘 해야 부흥이 되는 거야. 설교를 잘 해야 사람이 몰려와. 설교가 너무 중요해." 하지만 성경을 자세히 보면 해답은 기도에 있었다. 초대 교회 근간을 이루고 있었던 120명의 제자들과 사도들이 날마다 온 힘을 다해, 전심으로, 오로지 기도에 집중했다. 결국 이 기도가 사도행전 2장에 성령의 역사를 맛보게 했고, 베드로의 설교에 능력을 부어주었던 것이다. 기도는 믿음의 역사와 죄사함의 은혜와 성령의 기름 부음을 부르는 능력이 있다. 이 말씀을 묵상하면서 내 마음에 확신이 생겼다. "기도하면 되겠구나. 기도하면 우리 공동체 초대 교회처럼 살겠구나."

하루는 새벽에 기도를 마치고 출근을 하는데 하나님께서 내 마음에 너무나도 큰 확신을 주셨다. 그때부터 만나는 청년들에게 "하나님께서 2009년 우리 청년 공동체에 220명 예배자를 세우실 거야."라고 이야기했다. 70명이었던 공동체가 불과 5개월 만에 220명이 된다는 것은 불가능한 일이었다. 그래도 어쩌겠는가? 기도만 하면 내 마음에 너무 큰 확신이 생기니까 자꾸 선포하게 되는 것이다.

'220명의 예배자, 220명의 예배자……'

이 말을 들은 사람들이 얼마나 비웃었겠는가? 어쩌면 미친 사람 취급했을 수도 있다. 지금 돌아보면 무모한 선포였지만, 우리 하나님은 정말 살아계신다. 놀랍게도 2009년 마지막 주에 하나님은 우리 공동체에 241명의 예배자를 세우셨다.

수영로 교회 원로목사이신 정필도 목사님의《교회는 무릎으로 세워진다》라는 책을 보면 내 가슴을 펄떡이게 하는 말이 나온다. "눈물이 차야 예배당이 찬다." 너무 멋있는 말이었다. 나는 당시 이 글을 읽고 우리 청년들이 예배하는 이곳을 내 눈물로 채우겠다고 결단했다.

그때부터 나는 밤마다 예배당에 장의자 사이를 옮겨가며 기도하기 시작했다. 우리 청년들이 앉아 예배하는 자리마다 내 눈물을 뿌리고 내 눈물로 채우고 싶었다. "하나님, 이 자리도 청년들로 채워주시고, 이 자리도 청년들로 채워주세요. 하나님, 이 자리에 앉는 청년들이 예배드릴 때마다 복음을 경험하고, 하나님을 만나게 도와주세요."라고 기도했다.

그리고 거짓말처럼 그 자리들이 하나씩 하나씩 채워지기 시작했다. 한성교회에서 사역을 한 지 1년이 되던 날 360명의 예배자, 2년이 되던 날에는 430명의 예배자, 3년이 되던 날에는 710명의 예배자, 4년이 되던 날에는 940명의 예배자, 지금은 1200명이 모이는 예배 공동체가 되어 있다.

이게 기도의 능력이다. 나는 공동체가 기도로 세워지는 것을 경험했다. 그래서 우리 공동체는 기도를 포기할 수 없는 것이다. 누군가 매년 공동체가 성장하는 급성장했던 이유가 뭐냐고 물었을 때, 내가 이렇게 답을 했다. "빛나는 아이디어는 공동체를 반짝하게 만들지만, 전투적인 눈물의 기도는 공동체가 끊임없이 굴러가게 만듭니다." 나는 아직까지 이 생각에 변함이 없다. 기도가 살면 공동체가 산다. 기도가 일어나면 공동체는 반드시 일어난다.

사실 많은 사역자가 청년 사역은 정말 힘들고 어렵다고 고개를 흔든다. 하지만 조금만 깊이 생각해보면 한국교회의 '청년 위기설'은 핑계에 불과함을 알 수 있다. 많은 교회가 청년 사역의 위기를 걱정하지만, 말만 그럴 뿐 정작 그 어떤 일도 하지 않는다. 한 번 힘 있게 해보지도 않고 모두가 그렇게 말만 하고 있는 것이다. 물론 청년 사역이 다른 사역에 비해 힘든 것은 사실이다. 하지만 불가능한 것은 아니다. 지금이라도 늦지 않다. 심기일전해서 다시 시작만 하면 얼마든지 길이 있고, 부흥할 수 있다. 나는 이 글을 자랑하고 싶은 마음에 쓰는 것이 아니다. 내가 이 책을 쓰는 가장 큰 이유는 "나 같은 사람이 했다면 한국교회 누구나 할 수 있다!"는 말을 하고 싶은 것이다. 아무리 부족하고 연약한 사역자라도 기도는 할 수 있다. 나는 생명을 걸고 열심히 일하라는 것도 아니고, 탁월한 아이디어를 가지고 사역을 하라고 말하는 것은 더더욱 아니다. 기도만이라도 다시 시작해보자. 어떤 사역자든 기도는 할 수 있지 않은가? 누구든 기도만이라도 다시 시작할 수 있다면 반드시 부흥의 사람이 될 수 있다고 나는 확신한다.

　그렇게 기도로 시작한 공동체는 기도하는 사람들을 만들기 시작했다. 우리 공동체에는 기도하는 청년들이 많다. 우리 청년들 사이에서 "한성교회의 밤은 홍대의 밤보다 아름답다."는 말이 있다. 한성교회는 밤마다 예배당에서 철야를 하는 청년들로 가득하다. 그들은 밤이 되면 침낭을 들고, 이불을 끌어안고, 꼭 노숙자들이 잠자리를 찾아오는 것같이 예배당으로 들어온다. 각자의 문제를 안고, 공동체의 문제, 생명의 문제를 안고 하나님 앞에 나오는 것이다.

　한성교회 새벽은 날마다 뜨겁다. 적게는 20명, 많게는 50명의 청년들이 매일 강단에 올라가 통성으로 기도하고 부르짖는다. 한 청년이 강단에 올라가 기도하기 시작하더니, 이 일이 유행처럼 청년들 사이에 퍼져가기 시작했다. 그때부터 새벽에 설교가 끝나고 예배당에 불이 꺼지면 청년들이 강단 이곳저곳에 올라와 기도하기 시작한다.

　강단에서 처음으로 기도를 시작했던 형제에게 물었다. "강단에 올라가서 기도하는 이유가 뭐니?" 그 형제의 대답이 나에게 너무 간절하게 들렸다. "하나님이 내 기도를 더 잘 들으실 것 같아서요." 아무것도 아닌 이 한마디가 문득 4년 전 아무도 없는 예배당에서 혼자 밤을 새며 기도했던 내 모습을 생각나게 했으며, 하나님이 나를 불쌍히 여겨 주셨던 것 같다는 생각이 머리를 스치며 지나갔다. 하나님이 내게 기도의 동역자를 붙여 주신 것이었다.

　그 형제와 이야기를 하는 내내 눈물을 참을 수가 없었다. 4년 전 아무도 없는 예배당에서 나 혼자만의 발버둥이며 몸부림이라고 생각했었지만 '하나님이 보고 계셨구나. 하나님이 내게 동역자를 주셨구나.'라고 생각하니까, 몇 년 동안 힘들었던 모든 시간이 한순간에 보상을 받는 느낌이었다.

기도는 세상에서 가장 무섭고도 위대한 전염병이다. 다른 전염병은 사람을 죽이고 세상을 피폐하게 만들지만, 기도라는 전염병은 사람을 살리고 공동체를 회복시키는 능력이 있다. 공동체 속에 기도하는 한 사람이 있다면 그 공동체는 희망이 있다.

한 자매는 루프스를 앓고 있었다. 루프스는 자가 면역체계의 붕괴라고 말하는 병인데, 그 고통은 이루 말로 할 수 없다. 얼마 전 세상을 떠난 행복전도사라는 분이 이 병을 앓고 있었다고 한다. 병원에 갔더니 항암 치료 때문에 머리카락이 다 빠지고, 얼굴이 얼마나 부었는지 사람을 알아볼 수가 없을 정도였다. 의사를 만났더니 가망이 없다고 말했다. 평생 다리를 절어야 하고, 여자로서도 아이를 가질 수 없을 거라고 말했다. 28세의 꽃보다 예쁜 자매가 이렇게 시들어가고 있었다.

일을 행하시는 여호와, 그것을 만들며 성취하시는 여호와, 그의 이름을 여호와라 하는 이가 이와 같이 이르시도다 너는 내게 부르짖으라 내가 네게 응답하겠고 네가 알지 못하는 크고 은밀한 일을 네게 보이리라(예레미야 33장 2~3절)

공동체는 이 말씀을 붙들고 자매를 위해 눈물로 기도했다.

어느 날, 이 자매와 이야기를 하는데 이렇게 말하는 것이다. "목사님,

예수님을 처음 믿을 때 어쩌면 나 살 수 있겠구나 싶었어요." 이 생각 때문인지 이 자매는 불편한 몸, 아픈 몸을 이끌고 예배당에서 밤마다 철야하고, 새벽마다 기도했다. 그렇게 10년의 세월이 지난 어느 날, 이 자매에게 카카오톡이 왔다.

"목사님 저, 루프스 완치됐대요. 법적으로 완치돼서 이번에 생애 처음으로 건강보험에 가입했어요. 목사님, 하나님은 정말 살아 계세요."

놀랍지 않은가? 의사도 어렵다던 이 불치병에서 완치가 된 것이다. 결혼을 해도 아이를 낳을 수 없을 것이라고 말했던 이 자매가 지금은 결혼해서 두 아이의 엄마가 되었고 아이들은 건강하게 잘 자라고 있다. 나는 예레미야 33장 2~3절의 말씀을 믿는다. 하나님은 일을 행하시고 성취하시는 분이다. 하나님은 우리가 부르짖을 때 반드시 응답하시는 분이다. 그래서 우리는 무릎으로 살아야 한다. 우리의 승부처는 삶의 현장이 아닌 바로 기도의 현장이기 때문이다.

우리는 어떤 상황이든, 어떤 위기이든 반드시 기도해야 한다. 왜냐하면 하나님을 움직이게 하는 유일한 힘이 기도이기 때문이다. 기도는 하나님을 움직이게 하는 에너지다. 하나님은 우리가 기도할 때 즉각 반응하신다. 우리가 기도할 때 하나님이 일하는 것이다. 독일속담에 이런 말이 있다. "당신이 기도하기 위해 손을 모으면 하나님께서는 복 주시기 위해 손을 펴신다."

사람들은 내가 일하는 게 가장 빠르면서 완벽하다고 생각한다. 어림없는 소리다. 나는 불완전하지만 하나님은 완전하시다. 그래서 하나님이 한 번 손을 펴시면 모든 것이 해결된다. 하나님이 일하시면 불가능이 가능케 되고, 모든 일이 완벽하게 정리되고, 일의 속도 또한 엄청나게 빠르게 진행된다.

한 청년은 아버지가 통일교 목사님이다. 이 청년은 일생의 소망이 신앙의 자유를 얻는 것이다. "하나님, 우리 아빠가 통일교 목사를 그만두든지, 아니면 내가 돈을 벌어서 독립하게 도와주세요." 매일 철야하며 기도했다. 그 모습이 얼마나 예쁘던지 나도 기도할 때면 그의 가정을 위해 기도했다. 상황은 좀처럼 바뀌지 않았고, 가정에서의 핍박은 점점 심해져갔다.

대학을 졸업하고 유치원에 취업한 이 친구는 아빠가 통일교 목사를 그만두는 게 불가능하다고 생각되었던지, 독립을 위한 적금을 붓기 시작했다. 어느 날, 이 청년이 편지와 함께 봉투 하나를 가져왔다.

"이게 뭐니?"

"이제 필요 없어서 적금 깼어요."

봉투를 열었더니 그 안에 돈이 들어있었다. 그리고 편지에 이렇게 적혀 있었다.

〈목사님, 우리 아빠 이제 통일교 목사 안하고, 번역 일을 하시겠대요. 그래서 이제 이 돈 필요 없게 됐어요. 공동체를 위해 써주세요. 하나님, 정말 대단하시죠?〉

이 편지를 읽는데 눈물이 비 오듯 쏟아졌다. "우리 하나님, 정말 위대하시네요. 우리 하나님, 정말 대단하세요."라고 말하며 엉엉 울었다.

우리 하나님은 죽은 분이 아니다. 하나님은 지금도 살아계신다. 지금도 우리에게 말씀하시고, 우리를 기도의 자리로 초청하고 계신다. 내가 어떻게 이 하나님을 우리 청년들에게 가르치지 않겠는가?

나는 청년들에게 한나의 기도를 자주 가르친다. 사무엘상 1장을 보면 한나라는 여자가 나온다. 한나에게는 해결되지 않는 문제가 하나 있었다. 한나의 문제는 결혼 한 지 오래되었지만 아이를 갖지 못하는 것이었다.

한나에게는 갑절을 주니 이는 그를 사랑함이라 그러나 여호와께서 그에게 임신하지 못하게 하시니(사무엘상 1장 5절)

한나가 아이를 갖지 못한 이유가 무엇인가? 그것은 단순히 육체적인 문제, 생물학적인 문제가 아니었다. 말씀 후반부의 "그러나 여호와께서 그에게 임신하지 못하게 하시니"라는 부분이 그녀가 임신하지 못한 이유가 하나님임을 말한다. 성경은 하나님이 막았다고 한다. 왜 하나님은 의도적으로 한나에게 어려운 문제를 준 것인가?

하나님은 지금 한나를 괴롭히는 것이 아니다. 하나님은 한나를 기도의 자리로 초청하고 있는 것이다. 하나님은 지금도 기도의 사람을 초청하고 있다. 하나님은 역사상 수많은 사람을 기도의 자리로 초청하셨다. 그리고 그에 반응한 사람만이 역사의 중심에서 하나님의 일꾼으로 사용된 것이다. 모세가 그랬고, 다윗이 그랬다. 느헤미야가 그랬고, 예레미야가 그랬고, 다니엘도 그랬다.

나는 청년들에게 도전한다. 문제가 있다는 것은 하나님께서 우리에게 기도를 요구하며 기도하라는 사인을 보내고 있는 것이다. 하나님은 문제를 통해 우리와 소통을 원하고 있다.

결혼을 한 청년 제자에게 문자가 왔다.

〈목사님, 둘째를 가졌어요. 기도해주세요.〉

〈너희 부부는 그다지 좋아 보이지 않는데 아이는 잘 갖는다.〉

내가 이렇게 답하자 이 문자를 본 제자가 마음속에 있는 이야기를 쏟아내기 시작했다.

쉽지 않은 결혼 생활과 대화가 사라진 부부 관계, 시댁과의 관계 등으로 너무 힘들다는 것이다. 가장 먼저 남편과 멀어진 관계가 회복될 수 있게, 남편이 정말 성령 충만하게 신앙생활을 할 수 있게 기도를 부탁했다. 이럴 때 목사라는 존재가 할 수 있는 말은 많지 않다.

"기도하자. 나도 함께 중보 할게. 문제는 기도하라는 사인이야."

그리고 얼마 후 제자에게 문자가 다시 왔다.

〈목사님, 큰일 났어요! 산부인과에 와서 검사를 받았는데 우리 아이가 기형아일 확률이 높대요!〉

"하나님, 이 부부가 결혼할 때 제가 결혼식 기도했잖아요. 제발 도와주세요. 이 일을 통해 하나님의 선한 계획을 이루세요."

함께 기도하고 나의 금식 기도 끝에 결국 힘들고 어렵게 둘째를 출산했다. 아이는 어떻게 되었을까? 아주 건강하고 아무 문제없는 예쁜 아기를 출산했다. 하나님의 뜻은 여기서 끝나지 않았다. 하나님은 이 일을 통해 깨어졌던 부부 관계를 회복시키셨다. 남편과 아내는 가정 예배를 드리기 시작했고, 예배가 끝나면 손을 잡고 함께 기도하기 시작했다. 이처럼 하나님은 지금도 우리에게 기도를 요구하신다. 문제를 통해 우리를 기도로 초청하고 계신다. 하나님의 초청을 거절하지 말라. 하나님의 요구에 반응하라.

그런데 하나님은 왜 우리에게 기도를 요구하는 것인가? 하나님이 우리 기도를 사용하기 위해서다. 하나님이 한나에게 기도를 요구하신 이유 역시 지극히 개인적인 그녀의 기도를 사용하기 위해서였다. 하나님은 한나의 기도를 통해 그녀에게 아들을 주셨는데 그가 바로 사사 시대의 어둠을 끊고, 역사의 흐름을 바꾼 사무엘이었다. 자식 없는 한 많은 여자의 개인적인 기도가 이렇게 사용될 줄 누가 알았는가? 단순히 아들 하나 달라고 기도했던 이 여자의 기도가 이렇게 쓰임 받을 줄 누가 알았는가? 하나님은 지금도 우리의 기도를 사용해서 민족과 열방을 바꾸길 원하신다.

2012년 전도 축제를 준비하는데 공동체에 남은 재정이 하나도 없었다. 나는 재정이 없다는 말을 들었을 때 하나님이 내게 기도를 요구하고 있다는 사인으로 들렸다. 그때도 역시 철야하고 금식하며 기도했다. 그때마다 우리 공동체의 회계가 눈치 없이 카톡을 보낸다.

〈목사님, 이번 행사를 하려면 최소한 얼마가 있어야 하는데 지금 얼마가 모자라요.〉

거의 매일 아침마다 이런 카톡을 보내는 것이다.

〈목사님, ○○원이 모자라요. 목사님, 내일까지 전도용품 결제해야 하는데 통장에 돈이 없어요.〉

이런 문자를 볼 때마다 피가 말랐다. 내가 할 수 있는 게 기도밖에 없었다. 결과는 뻔하지 않은가? 하나님은 넘치도록 채워주셨다. 하나님은 우리가 필요로 하는 돈보다 300만 원이나 더 주셨다. 더 놀라운 건 그해 전도 축제의 결과다. 그해 가을 하나님은 방문자 800명, 예수님 믿겠다는 결신자 350명, 또한 150명의 청년들이 공동체에 정착하게 하셨다.

하나님이 재정 문제에 대한 우리 기도를 사용하셔서 영혼을 살린 것이다. 하나님은 이 문제 때문에라도 공동체 일원 모두가 기도하길 바라셨다. 우리는 반응했고, 결국 하나님은 우리 공동체의 기도를 사용하셔서 영혼을 살리신 것이다.

청년 사역을 함께하는 초보 전도사님이 있다. 그는 매일 교회에서 철야하며 잠을 잔다. 벌써 4년째 그렇게 생활하고 있다. 그가 처음 사역을 시작했을 때 사역에 대한 각오를 말하는데 내 가슴이 뭉클해졌다.

"기도로 하늘을 뚫겠습니다."

나는 그 전도사님이 무슨 말을 하는지 알 것 같았다. "하나님, 나는 아무것도 할 줄 아는 게 없는 사람입니다. 다른 사람들보다 리더십도 부족하고, 지적인 부분도 약합니다. 나는 하나님 밖에 없습니다."라고 말하고 있는 것이다.

그는 우리 공동체의 다른 전도사님들에 비해 약하고 부족한 부분이 너무 많았다. 신학대학원 시험도 두 번이나 떨어지고, 그들보다 열등감도 큰 전도사님이었다. 본인 스스로도 느끼고 있었던 것 같다. 역시 처음

하는 사역이다 보니 쉽지 않은 부분들이 많았다. 리더십, 위기관리 능력, 메시지 능력 등 많은 부분에서 부족했다. 그중에서 전도사님의 가장 큰 고민은 바로 리더십이었다.

'청년 리더들을 어떻게 하면 잘 이끌 수 있을까? 그들을 복음에 헌신하게 만들 수 있을까?'

전도사님은 계속해서 고민하고 기도하며 하나님과 씨름했다. 하루는 하나님께서 기도하는 그에게 주님의 마음을 부어주셨던 모양이다. 주님의 사랑이 폭포수처럼 부어졌다. 그렇게 자신과 함께 사역하는 리더들과 기도회를 하는데 주체할 수 없는 뜨거운 마음으로 울기 시작했다. 리더들에게 첫 번째 기도제목을 내자 구석구석에서 리더들이 눈물을 쏟아내기 시작했다. 기도회를 시작한 지 채 1분도 되지 않아서 그 안은 눈물바다가 되었다. 통곡의 기도회가 끝나고 그 공동체는 달라지기 시작했다.

솔직히 인간적인 눈으로 보기에도 '저 친구가 정말 잘할 수 있을까?'라는 의문을 품었던 것이 사실이다. 하지만 하나님은 기도하는 사역자에게 사역의 문을 열어주셨다. 전도사님을 단순히 교회 오빠나 동생으로 보았던 리더들이 그를 공동체 리더로 인정하는 일들이 일어났다. 그뿐만이 아니다. 하나님은 그해, 그 전도사님의 사역에 정말 불같은 은혜를 부어주셨다. 184명으로 시작한 군 사역이 360명으로 불어나는 부흥을 경험하게 하신 것이다. 그는 지금도 기도한다.

"하나님, 내게 부흥을 주세요. 하나님, 부족한 나를 사용해 주세요."

교회를 떠나는 많은 청년을 붙들 수 있는 길은 기도밖에 없다. 위기는 곧 기회다. 하나님은 이 시대 청년들이 기도하길 원하시는 것이다. 그래서 우리를 기도의 자리로 초청하고 있다. 우리가 반응해야 한다. 하나님은 이 초청에 반응하는 공동체를 찾고 있다. 기도는 나 자신을 살리고, 공동체를 살리는 놀라운 능력이다. 기도가 살면 공동체가 살고, 기도가 죽으면 공동체가 죽는다.

청년 간증 04

기도로 부흥케 하시는 분 🌿

안녕하세요. 저는 달리다굼팀의 ○○○ 팀장이라고 합니다.

전 2011년 6월부터 팀장 사역을 하였습니다. 처음 사역을 맡았을 때 20여 명 출석하였던 팀이었는데 팀장이 바뀌면서 순장과 순원들 사이에 마찰이 생겼습니다. 이로 인해 13~15명까지 정도 떨어지며 순탄치 않은 사역이 시작되었죠. 저는 우유부단하고 결단력은 물론, 추진력도 약한 사람입니다. 무엇보다도 자존감이 낮습니다. 그래서 많이 기도했습니다. 영혼을 대할 때 자신감을 달라고. 그리고 팀을 이끌어 가는데 필요한 지혜를 달라고 기도했습니다. 팀장이 되자마자 순장과 순원들 사이의 마찰이 생겼음에도 믿어주셨던 목사님과 몇 명의 팀원들이 있어 기도할 수 있었고 잘해봐야겠다는 의욕도 생겼습니다. 그렇게 기도하며 사역한 결과, 한 달이 지나 팀원은 20명이 넘어 30명으로 회복이 되었습니다. 결국 하나님은 6개월 만에 50명이 넘는 영혼들을 부어주신 거죠.

처음, 하나님께서 50명의 영혼을 부어주셨을 때 제 마음에 교만이 생겼습니다. 제가 잘해서, 오로지 제 노력으로 팀원이 50여명으로 늘어난 것처럼 굴었습니다. 교만한 제 모습에 영혼들은 교회를 나오지 않았고 출석하는 팀원 수 역시 들쑥날쑥했습니다. 거기다가 처음 세웠던 순장까지 그만둔다고 하니 마음의 공허함과 자신감의 상실은 너무 컸습니다. 이에 전 좌절감으로 기도했습니다. 제발 동역할 사람을 붙여달라고 새벽에도 밤에도 계속 기도했습니다. 하지만 협력자를 요청한 기도는 어느 날, 돌보지 못한 영혼에 대한 미안함을 회개하는 기도로 바뀌었습니다. 제 교만으로 사람들을 잃어버렸다는 길 깨닫는 순간 하나님께 죄송했고 아이들에게도 미안했던 것이죠.

하루는 기도하는데 영혼을 더 사랑하는 마음이 부어지면서 마음속에 100명이 넘는 팀원들이 예배당에 앉아 예배하는 모습들을 보게 되었습니다. 그때부터 사람들에게 우리 팀에 100명의 예배자가 세워질 거라고 선포하고, 목사님 책상에도 기도제목을 그렇게 적어놓은 다음 기도를 부탁했습니다. 그리고 2013년 6월. 생각이 아닌 진짜 100명이 넘는 팀원들과 예배를 드리게 되었습니다.

사역은 예배이고 곧 기도인 듯합니다. 목사님께서 말씀하셨지만 전 그것이 무슨 말인지 뼈저리도록 느낍니다. 팀원들을 만나거나 그들에게 전화할 때마다 항상 기도하는 마음으로 합니다. 내 기도가 사역을 통해 응답되기를. 마음에 응어리진 것들, 아픈 것들 그리고 가정의 변화가 있기를. 이런 기도하는 마음으로 언제나 이 자리를 버티고 있습니다. 이 자리는 힘들다고 영혼들을 방관할 때마다 나오지 않는 아이들이 생겨도, 주일 예배에 참석하는 팀원의 숫자가 떨어져도 다시 마음을 잡고 서있게 해주는 제게는 고맙고 감사한 자리입니다.

제 기도로 부흥한다고 말하기엔 기도가 너무 부족하여 부끄럽습니다. 하지만 전 공동체의 부흥을 통해 하나님이 계심을 믿고 이런 하나님을 모르는 사람들에게 만나게 해주고 싶은 마음이 간절하여 더 기도합니다. 또 앞으로도 더 기도하겠습니다.

CHAPTER

04

우리는 살리기 위해 존재한다

이 시대에 건강하게 성장하는 교회들을 살펴보면 하나같이 영혼을 향한 열정과 복음 전도가 살아있는 교회들이다. 많은 사람이 교회성장의 키(key)를 프로그램에서 찾고 있다. 그래서 사람들은 유행을 좇아가듯 수많은 프로그램을 교회 안으로 가지고 왔다.

그러나 분명한 한 가지는 그런 프로그램으로 교회는 절대 부흥하거나 성장하지 않는다는 것이다. 나는 한성교회 'New Acts 청년부'를 섬긴지 4년 9개월이 되었다. 4년 9개월 전에 한성교회 청년부는 70명의 청년 공동체에 불과했다. 그러나 지금은 1200명이 예배하는 공동체로 성장했고 부흥했다. 수많은 사람이 묻는다. 성장의 비결이 무엇인지 궁금

해한다. 어떤 프로그램이 있냐고 질문한다. 하지만 한성 청년부는 그 어떤 프로그램도 없다. 누군가 성장의 비결을 묻는다면 나는 단호하게 '뜨거운 예배와 기도, 그리고 단순한 전도가 이 공동체 성장의 전부'라고 말할 것이다. 사실 청년 사역에 부흥의 원리는 너무 간단하다.

솔직히 교회 안에 청년들이 많은가? 교회 밖에 청년들이 많은가? 당연하게도 교회 밖에 청년이 훨씬 많다. 사실 청년 사역에 부흥이라는 것은 안에 있는 청년을 잘 돌보고, 밖에 있는 청년을 데려오면 되는 것이다. 그래서 전도가 중요한 것이다.

지금은 매일 신도림, 영등포, 신림, 각 지역의 캠퍼스에서 수십 명의 청년들이 전도를 하지만, 2009년 9월에는 아무도 도와주는 사람 없이 혼자 전도를 나가기 시작했다. 교회 근처에 있는 2년제 대학에서 전도를 시작했다. 승용차에 테이블을 싣고, 요구르트를 챙겨서 캠퍼스로 나갔다. 한번은 캠퍼스에서 5번이나 쫓겨난 적도 있다. 무거운 테이블을 들고 이곳저곳으로 옮겨 다니며, 쫓겨 다니는 내가 얼마나 초라하게 느껴졌던지, 학교 구내식당 화장실에 들어가서 혼자 울며 기도했다. "하나님, 그래도 절대 포기하지 않습니다. 지금은 혼자지만 나중에 우리 청년들이 이 학교를 복음으로 덮게 하옵소서."

생명을 살리기 위한 기도는 반드시 응답되는 법이다. 내가 그렇게 고생하는 모습을 한 청년이 보고 있었던 모양이다. 교회 청년들 사이에 "우리 목사님이 캠퍼스에서 혼자 전도하면서 쫓겨나더라."는 소문이 돌기 시작했다. 어느 날, 전도를 나가는데 한 청년에게 전화가 왔다.

"목사님, 전도 나가실 때 저도 같이 가요."

전화를 끊으면서 얼마나 기뻤던지, 차 안에서 소리를 질렀다. 이게 우리 공동체 전도의 시작이었다. 이렇게 시작한 전도는 지하철역 전도로 발전했다. 2009년 겨울은 정말 눈이 많이 왔고, 너무 추운 겨울이었다. 개봉역에서 전도를 하면 10분도 지나지 않아 손이 얼어 글씨를 쓸 수 없을 정도였다. 조금 전도를 하다가 역 앞에 있는 음식점에 들어가서 몸을 녹이고 다시 나와 전도했다. 이렇게 열심히 전도하면 열매가 있어야 힘이 나는데, 우리 공동체에는 5개월 동안 단 한 명의 열매도 없었다.

나는 매 주일 리더 모임 때마다 물었다.

"노방 전도를 통해서 온 새 가족이 있습니까?"

입바른 소리를 하는 청년들 몇 명은 "이건 시간 낭비고, 힘 낭비고, 물질 낭비라면서 전도하는 것을 중단하자."고 말했다. 그때마다 나는 그들에게 "포기하지 말자. 하나님이 기뻐하시는 일이라고 여겨진다면 생명을 걸자."고 도전했다.

그렇게 힘겹게 끌어오던 전도에 드디어 열매가 생겼다. 그것도 5개월 만에 고작 한 명이 왔다. 이것만으로도 얼마나 고맙고 감사하고 행복하던지 내가 리더 전체에 커피를 돌렸던 기억이 있다. 놀라운 것은 그 이후 4년 동안 설, 추석 같은 명절을 가리지 않고 매주 영혼들이 공동체를 찾아오고 있다는 것이다. 지금은 노방 전도를 통해 한 주에 공동체를 방문하는 인원이 적게는 120명, 많게는 150명 이상이 된다.

생명을 살리는 일이 옳은 일이라고 생각하는가? 그렇다면 절대 포기하지 말라. 생명을 살리는 일이 옳은 일이라면 열매가 있든 없든, 그 기간이 몇 개월이 걸리든 몇 년이 걸리든 우리가 포기하지만 않는다면 하나님은 그 공동체를 통해 반드시 영혼을 살리는 것이다. 우리 공동체가 영혼 살리기에 집중하는 이유는 다음과 같다.

우리 공동체에 있어서 전도는 충성이다

조관일 씨의 《비서처럼 하라》라는 책을 보면 참 재미있는 것을 알 수 있다. 삼성 그룹 사장단의 47%가 비서 출신 CEO라는 것이다. 삼성그룹 30개의 주요 계사를 이끄는 45명의 회장, 사장단 가운데 21명이 비서실 출신이었다는 것이다. 그렇다면 비서 출신 사장단이 많은 이유가 무엇인가? 이 책에서는 가장 큰 이유를 '충성심' 때문이라고 말한다. 솔직히 모든 비서 출신 인재가 전부 최고의 리더가 된 것은 아니다. 그 중에 충성심이 남다른 사람들만이 최고의 리더가 되었다는 것이다.

일본에 '지치부 시멘트'라는 튼실한 기업이 있다. 이곳에서 신입 사원을 선발할 때 학교 성적이 너무 우수한 사람은 선발하지 않는다는 방침이 있다. 성적이 좋지 않더라도 강직하고 충성심이 강한 사람을 뽑는다는 것이다. 여러분 같으면 누굴 선발하겠는가? 실력 뛰어나고 충성심 없는 사람? 아니면 충성심은 있는데 실력이 없는 사람? 리더들은 대부분 후자를 택했다. 희소성의 가치 때문이다. 능력 있는 사람은 돈으로 언제든 스카우트 할 수 있지만, 충성심은 돈으로 살 수 없다는 것이다. 세계 500대 기업도 대부분 직원 채택의 기준으로 능력보다 충성심을 더 중시한다.

우리 하나님도 마찬가지 아닌가? 하나님은 어떤 인재를 사용하는가? 어떤 인재를 통해 하나님 나라를 이루시며, 영광 받으시는가? 충성스러운 사람을 통해서다. 실력보다 충성이다. 실력 있는 사람은 많지만 충성심 있는 사람은 정말 귀하다. 실제로 CEO가 주변에 가장 가까이 두는 사람이 누구일까를 조사했더니 네 종류로 나누어졌다고 한다. 가장 멀리 있는 부류는 충성하지 않는 직원, 가장 가까이에 있는 부류는 매우 충성스러운 직원이었다는 것이다. 하나님 가장 가까이 있는 사람도 역시 충직한 사람일 것이다.

사람이 나를 섬기려면 나를 따르라 나 있는 곳에 나를 섬기는 자도 거기 있으리니 사람이 나를 섬기면 내 아버지께서 그를 귀히 여기시리라(요한복음 12장 26절)

놀랍게도 성경은 충성으로 주를 따르면 하나님께서 높여주신다고 말씀한다. 충성하면 하나님 손에 붙들리는 것이다. 충성하면 하나님 눈에 든다. 충성하면 하나님이 책임지는 인생이 된다. 충성하는 사람은 막막한 인생이 아니라, 보장형 인생을 살게 된다. 다윗도 실력보다 충성이었다. 골리앗이 하나님 모독할 때 그 누구도 하나님을 위해 싸우려 하지 않았고, 실력 있다는 사람들은 다 도망갔다. 그러나 다윗은 하나님을 향한 충성심으로 골리앗에게 뛰쳐나간다. 결국 다윗은 이스라엘의 대왕이 된다. 실력이 아니라, 하나님을 향한 충성이 그를 왕 되게 한 것이다.

나는 'New Acts 청년 공동체'가 충성스럽게 하나님을 섬기다가 주께 쓰임 받길 원한다. 우리 청년들은 지하철역이든 캠퍼스든 가리지 않고 전도한다. 2013년 봄 신도림역에서 전도를 할 때였다. 경계선을 사이에 두고 한쪽은 지하철역에서, 한쪽은 쇼핑 센터의 보안직원이 나와서 전도하고 있는 청년들을 이리저리 쫓아내고 있는 것이다. 얼마나 쫓겨나나 싶은 마음에 뒤에서 세어 봤더니 자그마치 25번을 쫓겨 다니며 전도를 하고 있었다. 그 모습을 보는데 "의를 위하여 박해를 받은 자는 복이 있나니 천국이 그들의 것임이라(마태복음 5장 10절)"는 말씀이 가슴에 새겨졌다. 이 시대 누구도 의를 위해 힘쓰려고 하지 않을 때 우리 공동체가 생명을 위해 박해 받는 것을 하나님이 기뻐하시겠다고 생각했다.

하루는 전도를 나가는 청년들이 모여 기도하는데, 팀장이 이런 기도제목을 말하는 것이다.

"우리 기도합시다. 하나님, 오늘 우리의 전도 목표는 20명의 사람에게 거절당하는 것입니다. 우리가 거절당하는 것을 부끄럽게 여기기보다, 복음을 위해 거절당하는 나 자신을 자랑스럽게 여기는 시간이 되게 하옵소서."

이 기도제목을 듣는데 가슴이 뭉클해졌다. 왜 하나님이 이 공동체를 사랑하는지, 왜 이 공동체에 청년 부흥의 은혜를 주셨는지 알 수 있었다.

우리 공동체는 작은 부흥에 불과하지만, 이런 청년 부흥을 경험하는 가장 큰 이유가 생명 살리는 일에 충성했기 때문이라고 생각한다. 그분이 기뻐하시는 일에 생명을 걸고 사역하는 공동체가 되니까 하나님은 부흥을 우리에게 선물로 주셨다.

우리 공동체에 있어 전도는 공동체가 존재하는 목적이다

<u>이르시되 우리가 다른 가까운 마을들로 가자 거기서도 전도하리니 내</u>
<u>가 이를 위하여 왔노라 하시고</u>(마가복음 1장 38절)

우리 예수님은 인류 역사상 하나님께 최고로 쓰임 받고, 완벽하게 쓰임 받은 완전한 사람이다. 예수님이 이렇게 쓰임 받고 성공한 인생을 살았던 이유는 하나님의 목적에 합한 삶을 살았기 때문이다.

예수님은 정말 충성되게 그 목적대로 사셨다. 예수님은 자신이 이 땅에 오신 목적이 무엇인지 정확하게 알고 있다. 이것을 아는 인생이 진짜 멋진 인생이다. 보낸 이의 목적을 알고 그를 이루는 것이 정말 제대로 사는 삶이다. 예수님은 생명 살리는 전도를 인생의 목적으로 삼으셨다. 그래서 자신이 전도를 위하여 이 세상에 존재한다고 말씀하신다.

예수님의 존재 목적은 전도이며, 영혼을 살리는 것이었다. 예수님은 이것을 너무나도 정확하게 알고 있었다. 예수님이 돈을 번다면 왜 버는가? 전도하기 위해서 버는 것이다. 예수님이 영향력 있는 사람이 되기 위해서 성공하려 한다면 왜 성공해야 하는가? 전도하기 위해서 성공하는 것이다. 예수님이 공부를 한다면 왜 하는가? 전도하기 위해 공부하는 것이다.

2002년에 이영표 선수의 기도제목이 네 가지 있었는데 그중에 하나가 "하나님, 내가 영향력 있는 축구 선수가 되게 해주세요."라고 한다. 이영표 선수는 이 기도의 이유를 "전도하기 위해서였다."고 고백했다. 하나님은 그의 기도에 응답하셨고 그를 대한민국 최고의 영향력 있는 선수로 만드셨다. 우리가 충성스러운 성도라면 우리는 예수님의 인생 목적을 함께 바라보아야 한다. 이를 내 목적으로 삼고 살아야 한다.

나는 'New Acts 청년 공동체'가 예수님의 존재 목적을 이루어 드리는 공동체가 되길 원했다. 한 자매는 간호사 고시를 준비하는데, 바쁜 교회 사역과 전도 때문에 공부를 많이 하지 못했다. 교수님께서 모의고사를 치고 나오는 자매에게 이렇게 말했다.

"너, 이러다가 이번 국가 고시에 떨어진다."

그런데 그 자매의 대답이 너무 감동적이다.

"교수님, 저 간호사가 되려는 이유가 전도 때문이고, 하나님 때문이에요. 그래서 하나님이 저 붙여주실 거예요."

사실 그동안 내가 봐도 답답해서, 시험에 떨어질까 봐 기도를 많이 했다. 그런데 이 친구 이야기를 듣는데 붙겠구나 싶었다. 이 친구가 이렇게 기도한다는 것이다.

"하나님! 이 시험 붙여주셔야 돼요. 나 더 전도하고 더 선교하고 싶어요."

중요한 것은 붙었다는 사실이다. 나는 우리 청년들에게 이렇게 가르친다.

"임용 고시를 준비한다면 전도를 위해서라고 고백하라. 공무원 시험을 준비한다면 전도를 위해서라고 고백하라. 취업을 준비한다면 전도를 위해서라고 고백하라."

그리고 고백뿐만 아니라 실제로 그렇게 되어야 한다. 기도 하나를 하더라도 목적이 아름다운 기도를 할 때 하나님이 역사하신다. 하나님이 우리 공동체를 통해 일하시는 이유는 바로 예수님의 존재 목적인 전도가 공동체의 존재 목적이 되었기 때문이다.

우리 공동체에 있어 전도는 자랑이다

어느 주일에 새로 구입한 신사복 한 벌을 입고 출근을 했다. 사람들은 새로 구입한 옷이 예쁘다며 다 한 번씩 말을 해주셨다. 나는 그 말에 기분이 좋았던지 내가 구입한 양복 브랜드에 대해서 입에 침을 튀기며 자랑하고 있었다. "이 브랜드는 디자인이 예쁘고, 가격대도 그렇게 비싸지 않고, 뒤쪽 라인이 너무 예쁘다."고. 꼭 신사복 매장에서 일하는 직원이 된 것 같았다. 그리고 우리 사역자실에서 그 브랜드의 신사복을 유행처럼 입기 시작했던 것이다.

나는 신사복 전문가가 아니다. 나는 그 브랜드 신사복을 10년 동안 입었던 것도 아니다. 단지 내가 입어본 신사복에 대해 좋은 점 몇 가지를 이야기하고 자랑했을 뿐인데 사람들이 그 브랜드의 신사복을 사서 입는 것이다. 이 모습이 내게는 신선한 충격이었다. 이때 생각한 전도의 정의가 바로 "전도는 자랑이다."라는 것이다.

한국교회 성도들은 전도에 큰 부담을 가진다. 사람들은 전도를 어렵게 생각하지만 내가 정의한 전도는 아주 쉬운 것이었다. 내가 신사복을 자랑하듯이, 우리가 예수님을 자랑하고, 교회를 자랑하고, 목사님을 자랑하면 그게 전도라고 생각했다.

내가 복음을 부끄러워하지 아니하노니 이 복음은 모든 믿는 자에게 구원을 주시는 하나님의 능력이 됨이라 먼저는 유대인에게요 그리고 헬라인에게로다(로마서 1장 16절)

바울은 복음을 부끄러워하지 않았다. 그는 복음을 자랑했다. 복음이 우리의 자랑인 이유가 무엇인가? 복음이 구원을 주기 때문이다. 복음이 영적인 구원만을 주는 것은 아니다. 복음은 우리의 병도 고친다. 복음은 우리의 가정도 바꾸고, 변화될 것 같지 않던 사람도 변화시킨다.

솔직히 우리에게 복음보다 더 자랑스러운 것이 있는가? 우리는 맛있는 식당을 자랑하고, 내 옷, 내 차, 내 학교를 자랑하는데, 내 인생을 살리신 예수님은 자랑하지 않는다. 그래서 우리 공동체는 예수님을 가장 많이 자랑하는 공동체가 되길 원했다. 처음에는 혼자였지만, 지금은 수많은 청년이 캠퍼스에서 지하철역에서 나를 구원하신 예수님, 내 교회와 목회자를 자랑한다.

한 자매가 새 가족으로 등록을 했다. 그리고 내가 이 청년회를 담당하는 목사라고 소개를 했더니 그 자매가 나를 위아래로 훑어보는 것이다. 그러고는 자기를 전도한 형제한테 하는 말이 재미있다.

"장동건 닮았다며……?"

알고 보니 전도한 형제가 "우리 청년부 목사님, 장동건 닮았다."고 말하면서 자랑했다는 것이다. 그 말을 듣고 교회를 찾아온 사람도 재미있고, 그렇게 자랑하는 우리 청년들도 대단하다.

우리 'New Acts 청년 공동체' 전도의 특징은 자랑이다. 자랑은 어렵지 않다. 자랑은 부담이 아니다. 자랑은 있는 그대로 말하면 된다. 자랑은 내가 느끼는 걸 말하면 된다. "야! 우리 전도하러 가자."가 아닌 "야! 우리 예수님 자랑하러 가자." 이렇게 생각하고 말하면 전도가 너무 쉬워진다.

오늘도 자랑하러 가는 우리 청년들을 보며 하나님이 우리를 자랑하고 있으리라 생각한다. 이게 우리 공동체가 부흥하는 원리다.

"우리가 하나님을 자랑하면, 하나님은 우리를 자랑하신다."

5년 만에 70명 청년에서 1200명 청년으로 부흥한 데에는 전도 방식에 관한 몇 가지 깨달음이 있었다.

첫 번째 깨달음은 '단순함이 힘'이라는 것이다. 많은 청년 사역자가 한성교회 청년부 소문을 듣고 전도 프로그램이 어떻게 되냐고 탐방을 신청하고 큰 도전을 받는다. 하지만 막상 그렇게 실행하는 공동체는 극히 드물다. 왜냐하면 너무나도 단순하기 때문이다.

'New Acts 청년부'는 매주 화요일, 목요일 저녁에 중요한 거점인 지하철역에서 전체 전도를 실시한다. 가지고 나가는 준비물이라고 해봤자, 볼펜과 전도 설문지가 전부다. 사실 청년 전도에 있어서 가장 핵심은 프로그램이나 방법이 아니라 단순함이다. 이 시대 젊은이들은 복잡함을 싫어한다. 그래서 예전에 5~10분 정도 시간을 가지고 전한 복음은 바쁜 퇴근길 청년들에게 전도하는 방법으로는 적합하지 않았다.

또한 청년들은 복잡한 글도 읽지 않는다. 요즘 젊은이들 사이에 복잡한 것은 버려진다. 전자기기들도 복잡한 것은 선택되지 못하는 시대다.

설문지 전도 매뉴얼

1. 뜨거운 기도
- 전도를 나가기 전, 팀원들과 성령의 임재를 구하며 기도하기(전도는 우리의 힘이 아니다)
- 예비해주신 한 사람을 만나게 해달라고 기도하기(만남의 축복)

2. 외모 가꾸기
- 성형 수술을 하란 말이 아니다. 얼굴을 꾸미고 자신이 가지고 있는 괜찮은 옷 입고 나가기

3. 목표 설정하기
- 목표를 설정해야 힘들어도 포기하지 않는다.
- 목표를 채우기 전까지 포기하지 않는다.
- 설문지 장수를 목표로 해도 괜찮지만, 초신자나 자존감이 낮은 아이는 거절횟수를 목표로 세워도 좋다.

4. 설문지 받기
- 처음 전도하는 사람은 기존에 잘하는 사람과 짝지어 2~3주 정도 함께 전도한다.
- 기다리지 말고 먼저 다가가서 받으면 성공 확률이 더 높아진다.
- 몇 가지 유머를 준비해서 설문지 받는 상대방을 웃겨라. 그럼 마음의 문도 열린다.
- 거절해도 끝까지 포기하지 말고 쫓아가라. 불쌍히 여겨 해줄 때가 더 많다.
- 전화번호만 적게 하지 말고, 설문할 동안 충분한 대화를 나누라. 5분 이상 대화할 경우 다음 주 교회에 올 가능성이 더 높아진다. 대화할 콘텐츠는 미리 연구, 연습하라(직장, 학교, 종교, 꿈, 관심사, 나이, 연애, 학과등등).

5. 받은 설문지로 일주일 안에 전화심방을 하라.

6. (필수) 전도 노트를 만들라(날짜별로 기록).
- 부재중이거나, 다음 축제 때 온다고 하는 영혼이 분명히 있다. 그들을 잊지 말고 기록해놓아라. 2년 전에는 없었다가 온 경우도 있다.

7. 전도는 포기하지 않는 것이다. 될 때까지 하라.
- 8개월간 일주일에 두 번씩 매일 전도한 리더가 있다. 청년들은 단 한 번도 오지 않았다. 그럼에도 포기하지 않고 꾸준히 했다. 결국 9개월 만에 역에서 전도한 아이가 교회에 방문하고 등록하는 역사까지 일어났다.

설문지

본 설문지는 서울경기 청년들의 가치관에 관한 것입니다. 개인정보는 유출하지 않을 것이며, 학원 복음화를 위한 자료를 위해 유용하게 사용하겠습니다. 감사합니다.

1. 대학생활에서 하고 싶은 일은? (복수 선택 가능)
①전공에 대한 공부 ②넓은 대인 관계 ③여행(국내/해외) ④아르바이트
⑤동아리활동 ⑥외국어공부 ⑦이성 친구 사귀기 ⑧취업준비 ⑨각종자격증취
득 ⑩기타(   )

2. 현재 가지고 있는 종교는?
①기독교 ②천주교 ③불교 ④없다 ⑤기타(   )

2-1 기독교라고 응답한 경우 지금 출석하고 있는 교회와 지역은?
교회(   ) 지역(   )

3. 예수님을 누구라고 생각하세요?
①기독교라는 종교적 상징이다. ②하나님의 아들이며, 구세주이다.
③사회 혁명가이다. ④잘 모르겠다. ⑤기타(   )

4. 사랑하는 누군가가 나를 교회로 초대한다면?
①참석하고 싶다. ②생각해 보겠다. ③참석하고 싶지 않다.

1101 Festival, 당신을 시원하게 하는 행복한 사람들의 축제

New Acts 청년 공동체는 행복합니다.
Sun PM 3:30 한성교회 예루살렘성전

당신을 초대합니다!

Han Sung Church Youth Community

무엇이든 단순해야 살아남는다. 그래서 'New Acts 공동체'에서 택한 전도방법은 가장 단순한 설문전도였다. 설문에 나오는 질문조차도 복잡하면 아무도 응해주지 않았다.

이 시대의 청년들은 바쁘고 복잡한 세상 가운데 살기 때문에 설문지의 질문들까지도 최소한 단순하게 만들어야 했다. 그래서 우리는 총 네 가지 질문이 들어간 아주 단순한 설문용지를 가지고 전도한다. 질문의 유형도 이해하기 쉬워야 한다. 사실 설문에 있는 질문은 그냥 있는 질문들이 아니다. 이 질문들은 1차적으로 그들과 대화해서 관계를 형성하는 것으로 사용되고, 2차적으로 우리가 그들과 전화하고 접촉할 때 가장 기본으로 알아야 하는 정보들이다.

설문에서는 가장 먼저 당신의 관심사가 무엇인지를 묻는다. 이 질문은 설문을 받는 자리에서 그들과 이야기를 하는 주제로 삼거나 전화심방을 할 때 그들과 대화를 하는 내용으로 삼는다. 만약에 관심사 질문에 취업으로 체크를 했다면, 전화심방을 하면서 학교를 졸업한 후에 취업은 어느 쪽으로 준비하고 있냐고 하면서 그쪽 방면으로 우리 청년회에 탁월한 사람이 있는데 한번 소개해드리겠다는 식으로 이야기를 한다. 놀라운 것은 이런 대화에 청년들이 대부분 귀를 열고 있다는 것이다.

다음 질문은 종교에 대한 질문이다. 이 질문은 여러 가지 형태로 사용된다. 가장 먼저, 기독교라고 적은 청년들 중에도 현재는 교회를 다니지 않는 사람들이 많다. 그래서 밑에 현재 출석하는 교회를 적지 않은 사람에게는 반드시 전화심방을 하게 한다. 현재 출석교회를 적었다 할지라도 반드시 전화해서 한번은 물어본다. "지금 출석하는 교회가 있는데, 예배는 잘 드리고 계시죠?"라고 질문을 하면 많은 청년이 1~2년 정도 쉬고 있다고 대답한다. 그리고 불교나 천주교, 무교는 우리 공동체의 집요한 관심을 받게 되는 것이다.

그리고 마지막 질문은 기독교에 대한 호감도 조사다. "사랑하는 사람이 함께 가자고 하면 교회가 가겠는가?"라는 질문은 이 사람이 교회에 호감을 가지고 있는지, 적대감을 가지고 있는지를 가르쳐주는 좋은 질문이다.

중요한 점은 이 단순한 설문지 안에 우리가 알고 싶어 하는 정보들이 대부분 다 들어가있다는 것이다. 이름, 전화번호, 관심사, 기독교에 호감도 등 굉장히 단순하지만 중요한 정보들이 포함된다.

그리고 설문지를 가지고 여러 말을 할 필요가 없다. 그냥 단순하게 "한성교회 청년부에서 나왔는데 설문 하나 해주시겠어요?"라고 묻는 것이다. 놀라운 것은 생각보다 많은 청년이 설문에 응해준다는 것이다. 이것이 이 시대 청년들의 문화다. 우리 공동체는 이렇게 한 주에 2,000장 이상의 설문지를 받는다.

종이가 생명 되게 하라

설문전도에서 설문지를 받는 것만큼 중요한 부분이 바로 후속 조치이다.

설문지를 받고 후속 조치를 하지 않으면 이 설문은 쓰레기가 되고 만다. 하지만 설문에 응답한 한 사람, 한 사람에게 전화하면 이 종이는 곧 천하보다 귀한 한 명의 영혼이 된다. 우리 공동체는 설문지를 받은 그 주에 전화심방을 완료하는 것을 원칙으로 한다.

교회들이 대부분 설문전도를 시작했다가 실패하는 이유가 바로 이 후속 조치 때문이다. 한성교회 'New Acts 청년부'는 이 부분에 있어서는 정도나 왕도가 없다. 가능성이 있는 영혼이라고 생각한다면 올 때까지 포기하지 않고 끝까지 전화해 관계를 맺는다. 더 놀라운 것은 이런 방식을 통해 한 주에 평균 120명 이상의 청년 새 가족들이 한성교회 'New Acts 청년부'를 방문한다는 것이다.

한 번은 한성교회에 아무 연고도 없는 사람이 등록을 했다. 그래서 새 가족 모임을 하면서 "어떻게 오게 되었냐?"고 물었더니 이 청년이 했던 말에 눈물이 와락 쏟아졌다. 이 청년은 1년 전에 개봉역에서 설문지를 쓰고, 3개월 정도 교회에서 전화가 와서 통화하고 "꼭 가겠다."고 약속만 한 채 지키지 못하고 1년이 흘러버린 것이다. 그런데 자기에게 힘든 일이 생기고, 어떻게 할까 고민하다가 그때 한성교회에서 전화 왔던 게 기억이 나서 1년 후에 혼자 찾아왔다는 것이다. 이 말을 듣는데 하나님께서 내 마음속에 이렇게 말하는 것 같았다.

"너희 공동체가 지금 하고 있는 이 전도는 결코 헛된 게 아니야. 이걸 통해서도 내가 일하고 역사하고 생명을 살려."

이 이야기에 얼마나 위로받고 감동했는지 모른다.

전화심방의 순서

1. 뜨거운 기도
- 전화하기가 중요한 게 아니다. 핵심은 내 마음을 전달하는 것이다. 그런데 마음이 차면, 그 마음을 상대방이 고스란히 느낀다. 따라서 설문지 100장으로 전화해도 열매가 없다.
- 하나님을 사랑하는 마음을 부어주시길 기도하라.
- 하나님이 바라보시는 한 사람의 마음을 갖도록 기도하라.

2. 첫 시작은 밝고 경쾌하게(목소리 톤 높이기)
- 밝은 목소리는 상대방을 끄는 매력이 있다. 관심을 불러일으키므로 교회에 올 확률이 높다.

3. 질문 리스트를 만든다(중요)
- 짧게 대답할 수 있는 질문보다 생각하고 서로 공감대를 형성할 수 있는 질문을 한다.
- 5~10분 이상 하는 대화가 중요 포인트다.

4. 골든타임(19:00~22:00)에 전화하라.
- 오전, 오후에 바쁜 일정으로 모르는 번호를 받지 않을 것을 감안하면 우리에게는 모든 일과를 마치는 시간부터 잠자리에 드는 시간이 골든타임이다.

5. 한 번 전화했다고 포기하지 마라. 끝까지 전화하라(2주, 한 달 내에 한 번씩)
- 어떤 리더는 역에서 전도한 사람과 1년간 전화만 했다고 한다. 처음에는 모르는 사람이었다가 친구보다 친한 사이가 된다. 이처럼 포기하지 않으면 결국에 오게 된다.

전화심방을 거절당했을 때

1. 두려워 하지 마라(거절은 당연한 것이다. 하는 생각을 가지라).
- 우리 역시 평소에 스팸 전화를 많이 받는다. 그리고 수많은 거절을 하지만 그들은 포기하지 않는다는 사실을 기억하라.
- 그들은 우리의 전화를 충분히 스팸으로 취급해 단번에 거절할 것이다. 그러나 그들의 마음을 움직이시는 분은 성령님이시다. 두려워 말고 하나님이 하신다는 생각으로 끝까지 하라.

2. 기쁨으로 전화를 끊으라(성령님께서 알아서 하신다).
- 거절로 마음이 상해 상대방에게 상처를 주면 그들은 더욱 교회에 마음을 닫는다. 다음에 또 할 수 있는 통로를 열어두라.
- 신기한 건 통화한 그들은 힘든 일이 생기면 그때 교회에 오라고 하지 않았냐며 다시 전화를 하는 경우가 있다. 따라서 항상 통로를 열어두어라.

전화심방 예시
1. 간단한 인사 및 소개
예) 안녕하세요. 홍길동 씨 맞으세요? 지난 화요일에 신도림역에서 설문했던 거 기억하세요? 그때 흰색에 청바지 입고 완전 예쁜 여자가 한성교회 청년부에서 나왔다면서 설문해주셨던 거 기억하세요? 그때 그 예쁜 여자가 바로 저예요.

2. 설문을 이용한 대화 시도하기(설문을 통한 접촉점 찾기)
그때 교회를 안 다니신다고 하셔서 저희 교회 소개하려고 전화 드렸어요. 그때 체크하신 거 보니까 지금 취업 준비(설문 질문 1 참고)를 하시나 봐요? 저도 지금 취업 준비하고 있거든요. 어느 쪽으로 준비하고 계세요? 그래요? 우리 교회에 그쪽에서 일하고 계신 분 많이 있는데……. 도움을 드릴 수도 있겠어요.

3. 교회 출석에 대한 권면 시도
전화로 이야기해보니까 느낌이 교회 다니다가 지금 좀 쉬고 계신 거 같아요?(설문질문 2 참고-기독교라고 쓰고 교회 이름을 적지 않거나, 다닌다는 교회 목사님이 이름을 모를 때는 대부분 교회를 다니다가 다니지 않는 사람이 많음) 그러면 다시 신앙생활 하세요. 우리 교회는 한성교회라고 하는데 들어보셨어요? 청년부 예배가 정말 유명하거든요. 우리 목사님이 개그맨 뺨칠 정도로 재미있어요. 우리 교회 정말 좋은데 이번 주에 한번 오세요. 제가 정말 맛있는 커피 한잔 대접할게요(잡을 수 있다면 구체적인 약속까지 잡고 전화를 끊는다. 거절할 경우에는 다음에 다시 통화하자는 약속을 하고 전화를 끊는다).

단순함에 절실함이 더해지면 능력이 일어난다

단순한 방법이라고 해서 그 속에 절실함이 없다고 생각한다면 오산이다. 우리는 이 단순함 속에 생명을 향한 절실함을 훈련한다. 그래서 이제 우리 청년들은 설문지 한 장을 한 명의 영혼이라고 생각한다.

하루는 전화심방을 하는데 리더가 울면서 들어왔다. "왜 그러냐?"고 물으니까 설문지 뭉치를 잃어버린 것이다. 얼마나 서럽게 우는지, 목사인 내 마음이 너무 아팠다. 그러면서 이렇게 말하는 것이다.

"차라리 지갑을 잃어버렸으면 마음은 편할 텐데……."

택시 안에 설문지 꾸러미를 놓고 내린 이 리더는 하루 종일 설문지를 위해 금식했다. 그리고 그날 오후 택시 기사님에게서 연락이 왔다. 그걸 찾은 리더의 표정은 지금도 잊을 수가 없다. 꼭 광부가 금덩이를 발견한 모습, 심마니가 산삼을 발견한 모습이었다. 이 단순한 전도방법 속에 절실함이 느껴지는가? 이게 설문 전도법을 통해 한 주에 120명의 새 가족을 오게 하는 실제 힘이다.

개봉역에서 전도를 할 때였다. 중학교 3학년 남자아이가 전도하는 곳에 와서 커터 칼을 빼들고 휘두르면서 "다 죽여버리겠다."고 소리를 질러대는 것이다. 우리 청년들도 겁이 날 법 하지만 그 아이에게 다가가서 대화를 걸고 설문을 받아왔다. 그리고 나한테 와서는 "이 친구에게 전화를 해야 될까요?"라고 묻는 것이다. "하나님께서 만나게 하셨으니까, 우리 기도하면서 연락해보자."라고 이야기했다. 리더들은 이 아이를 위해 금식을 하며 기도했다고 한다. 그리고 주일에 그 친구가 정말 교회에 왔다.

청년들이 칼 휘두른 친구라면서 수군거리며 내게 눈짓을 했다. 나는 온 힘을 다해 그 친구를 꼭 안아주었다.

3년이 지난 지금, 커터 칼을 휘두르던 친구는 아직까지 우리 청년 예배에 나오고 있다. 이제는 나를 보면 가장 먼저 달려와서 내게 안긴다. 그리고 이렇게 말한다.

"목사님, 사랑해요."

그때마다 나는 너무 감격스럽다. 얼마나 많은 사람이 이 친구처럼 복음을 기다리고 있겠는가? 우리가 받은 설문지를 단순히 종이 한 장이라고 생각했다면 이런 친구들은 절대 하나님께로 돌아오지 못했다. 한 장의 종이에 하나님의 마음을 담고, 절실함을 담으면 종이가 생명이 될 수 있다.

빛이 가면 어둠은 사라진다

우리 공동체가 전도를 시작하면서 하나님께서 내게 주신 사명이 하나 있다. 바로 전도의 현장에서 이단과 맞서 싸우는 것이다. 요즘 교계에 큰 문제를 일으키는 이단이 우리가 전도하는 지하철역 주변에서 많은 청년을 현혹하고 있다.

우리가 전도하는 신도림역 1번 출구 주변에는 이단들이 가득하다. 거기에서 우리와 비슷한 방식으로 설문지를 받고, 심리 테스트를 하고, 심방을 한다. 그러나 우리가 그곳에서 전도를 하면 이단들은 2번 출구로 도망간다. 우리가 2번 출구로 가면 그들은 지하철역 밖으로 도망간다.

그래서 우리는 영등포역에서도 전도를 시작했다. 소문을 들어보니 그곳에도 퇴근 시간이면 이단들이 가득하다는 것이다. 물론 진짜인 우리가 그곳에 나가면 가짜인 그들이 사라졌다. 나는 그때 깨달았다. "이게 우리 공동체의 사명이구나." 복음을 들고 현장에 나가 복음을 전하는 것뿐만 아니라, 전도의 현장에서 이단과 맞서 싸우는 것이 사명임을 알게 된 것이다.

이제 예수를 믿는 청년들이 복음을 들고 세상으로 나가야 할 때가 된 것이다. 놀라운 건 우리가 가면 이단이 없어지고, 우리가 없으면 이단이 득세하더라는 것이다. 빛이 움직이면 어두움은 흔적도 없이 사라지는 법이고, 진짜가 힘을 쓰면 가짜는 힘을 잃는 법이다. 요즘 이단이 교회를 어지럽히는 이유가 바로 이것이다. 진짜 있어야 할 곳에 없기 때문이다.

나는 이 시대 교회 공동체가 복음을 들고 세상으로 나가야 하는 이유가 바로 이것이라고 생각한다. 잘못된 진리를 믿고 있는 그들이 진짜처럼 행세하며, 자신이 빛인 양 큰소리치고 있기 때문이다. 우리가 복음을 들고 현장으로 나가면 그들은 자연스럽게 사라지게 될 것이다.

한성교회 'New Acts 청년 공동체'는 전도를 통해 4년 9개월 만에 17배에 달하는 성장을 경험했다. 70명에서 출발한 공동체는 어느덧 1200명이 출석하는 공동체로 성장한 것이다. 중요한 것은 4년이라는 짧은 시간 동안 이룬 성장이라는 점이다. 결국 그 이유를 찾는다면 전도다. 전도는 프로그램이나 방법이 아니다. 전도는 하나님의 마음과 사명이다. 전도가 어렵고, 안 된다는 생각을 버려야 한다. 우리의 이런 생각이 한국

교회 전도의 야성을 죽이고 있다. 특히 지도자들의 생각이 중요하다. 내가 만난 많은 청년지도자는 대부분 이런 부정적인 생각을 가지고 있었다. 하나님은 아직도 복음을 들어야 할 많은 영혼을 준비시키시고, 우리가 그들에게 찾아가기를 원하고 있다. 전도를 복잡하게 여기는 생각도 버려야 한다. 이 시대 전도는 단순할수록 더 큰 영향력을 발휘한다. 전도는 아직도 가능하다. 절대 불가능하지 않다. 나는 우리 리더들에게 자주 이런 말을 한다.

"우리 공동체가 한국교회 청년 사역에 도전이 되길 원한다. 청년 사역에 불모지였던 이곳에서 70명이었던 청년 공동체가 4년 만에 1200명이 넘는 공동체로 성장했다면 한국교회에 그 어떤 청년 공동체도 할 수 있다는 것을 반드시 가르쳐주고 싶다."

우리 속에 안 된다는 부정적인 생각이 청년 사역을 죽음으로 몰아가고 있다. 그런 의미에서 전도도 마찬가지다. 먼저 지도자들의 의식이 바뀌고, 공동체의 생각이 바뀐다면 청년 전도는 반드시 능력을 발휘하게 된다. 그래서 우리는 전도를 포기할 수 없다. 하나님은 전도의 야성을 가지고 생명 살리는 일에 앞장선 공동체에 부흥을 부어주신다. 공동체의 성장이나 부흥은 방법이 아니라, 이런 하나님의 마음과 사랑을 아는 공동체에 부어주시는 선물이다.

CHAPTER

05

심방의 달인이 돼라

'심방(尋訪)'이라는 단어의 사전적 의미는 '방문하여 찾아보다'는 의미를 지니고 있다. 심방의 목적은 성도들의 가정이나 직장을 방문하거나 만남을 통해 영적, 정서적 상태와 가정형편, 여러 가지 상황들을 파악하고 형편을 살핌으로 그들의 믿음 생활을 돕는 것이다. 심방은 목회 현장에서 성도들의 영적인 생활과 건강한 믿음 생활을 할 수 있도록 목회자가 방문하여 돌보는 모든 행위를 말한다. 원래 심방은 사람이 하나님을 찾아가는 것이 아니고 하나님이 사람을 찾으셔서 권고하시고 죄인을 구원하심으로 시작했다. 그래서 성경에는 '방문한다. 돌아본다. 권고한다'라는 단어로 표현한다.

사실 청년 사역이 힘들고 어려운 이유는 청년들이 장년들과 달리 불안정

하기 때문이다. 우리는 이런 현상을 사역전문용어로 '날아간다'라는 말을 사용한다. 청년들을 말 그대로 날아가는 시기다. 청년 자체의 방황, 이성 교제, 군대, 직장, 결혼…… 청년들의 상황은 늘 변화무쌍하다. 이렇게 날아다니는 그들을 교회 공동체에서 돌보는 방법은 그들과 만나 이야기하고 접촉하는 방법밖에는 다른 수단이 없다.

그래서 나는 청년 사역자에게 심방의 달인이 되기를 권면한다. 교회에서만 혹은, 강단에서만 얼굴을 보는 목사가 아니라, 캠퍼스와 직장에서 그들을 만나는 목사가 되어야 한다. 실제로 이 사역에는 놀라운 은혜가 있다. 나는 청년들을 심방하면서 자살하려고 했던 청년의 마음을 돌리기도 했다. 그 결과, 때로는 귀신이 떠나가거나 상처가 치유되기도 했고, 때때로 회개의 영이 임하기도 했다.

'New Acts 청년 공동체' 사역 초창기에 나는 강원도, 경기도, 충남, 멀게는 대전까지 캠퍼스 심방을 다녔다. "내가 우리 청년들을 위해 할 수 있는 일이 무엇이 있을까?"하고 생각하다가 멀리 떨어진 캠퍼스에서 공부하는 청년들에게 찾아가야겠다는 마음이 들었다. 사실 대구에서 사역을 할 때는 하루에 50~60명을 만나 심방하며 사역을 했지만, 막상 서울에 와서 시작해보니 만날 청년들이 없어 한 명을 만나기 위해 먼 곳까지 가서 심방을 하게 된 것이다. 지금 생각해보면 하나님께서 우리 공동체에 부흥을 부어주신 이유가 한 영혼을 만나기 위해 전국을 누비며 심방했던 이 공동체를 불쌍히 여기시고 긍휼히 여기셨기 때문이라 생각된다.

그럼에도 많은 청년 공동체와 사역자들이 이 사역에 게으르다. 심방 사역을 하나님이 얼마나 기뻐하시는지를 몰라서 그렇다. 성경을 보면 최초의 심방은 하나님이 직접 하셨다.

그들이 그날 바람이 불 때 동산에 거니시는 여호와 하나님의 소리를 듣고 아담과 그의 아내가 여호와 하나님의 낯을 피하여 동산 나무 사이에 숨은지라 여호와 하나님이 아담을 부르시며 그에게 이르시되 네가 어디 있느냐(창세기 3장 8~9절)

하나님은 죄를 범한 아담을 찾아오셔서 그의 형편을 물으셨다. 하나님께서 인간을 찾아오신 성경 최초의 심방이다. 이처럼 심방은 하나님이 제일 먼저 시작하셨다. 이처럼 범죄하고 숨은 아담을 찾아오셔서 형편을 물으시고 잘못을 회개할 기회를 주시는 하나님의 모습을 통해 그분이 심방을 얼마나 기뻐하시는지를 알 수 있다.

마음을 방문하라

나는 '심방'의 의미를 '심방(心 마음 심, 訪 방문할 방)'에서 '마음을 방문하는 것'이라고 다시 정의하고 싶다. 심방은 한 사람의 마음을 방문해 그들의 마음을 살피고 마음을 돌보며 상한 마음을 치유하는 것이다.

요한복음 4장을 보면 예수님께서 사마리아 우물가의 여인을 심방하신 이야기가 나온다. 예수님의 심방은 사마리아 여인의 마음을 정말로 방문하신 진짜였다. 그리고 그녀의 마음을 살피고 마음을 돌보며 상한 마음을 치유하셨다.

원래 축구 선수였던 어떤 형제는 1998년 잠깐의 실수로 병역 비리 문제에 휘말렸다. 결국 그는 1년 동안 실형을 선고받고 나왔다. 상실감이 컸던지 형제는 이후부터 신앙생활을 포기하며 살았다. 그 당시 서울로 사역지를 옮긴 내가 형제에게 전화를 했더니 의도적으로 피한다는 생각을 들게 했다. 결국 형제의 집 근처인 천호역 주변에 가서 형제를 만나게 되었다. 형제는 온몸이 담배 냄새와 술 냄새로 찌들어있었다.

"뭐 하고 사니?"

"포차에서 새벽까지 술 팔아요."

"○○아, 하나님은 살아있다."

나는 이 말 한마디만 하고 형제를 그냥 꼭 안아주었다. 형제는 미안함에 어쩔 줄 몰라 몸을 빼기 시작했다. 나는 형제에게 어떤 냄새가 났고 어떤 상태였는지 상관없이 그가 너무 사랑스러웠다. 그렇게 만난 형제는 다음 주 주일 예배를 드리려고 교회로 왔다. 한 번의 심방이 그의 마음을 움직였던 모양이다. 정말 감사했다.

이것이 마음을 방문하는 심방의 위력이다. 형제는 자신이 하나님에게 버려졌고, 하나님이 자신을 떠났다고 생각했다. 하지만 심방을 통해 이 생각을 돌이켰던 것이다.

그렇게 한성교회에서 첫 예배를 드리고 말했던 그의 고백이 너무 감사했다.

"목사님, 하나님은 한 번도 저를 떠나거나 버린 적이 없어요. 하나님은 항상 저와 함께 하셨어요."

교회 안에 많은 청년들이 심방(心 마음 심, 訪 방문할 방)을 필요로 한다. 그럼에도 청년들을 대상으로 마음을 방문하는 심방이 잘 이루어지지 않는다.

'New Acts 청년 공동체'는 마음을 방문하는 심방을 하고 있다. 여전히 미약하고 부족하지만, 우리는 최선을 다하려고 한다. 우리는 한 주에 70명 이상을 심방하고, 전체 출석인원에게 세 번 이상의 전화심방을 한다. 많은 청년 리더들이 심방(心訪)의 필요성을 절실히 알고 있기에 가능하다. 왜냐하면 공동체의 많은 리더들이 이런 심방을 통해 리더로 세워졌고, 지금 신앙생활을 하고 있기 때문이다. 그렇기에 우리는 단 한 영혼도 포기할 수 없다.

깊은 곳을 방문하라

또한 나는 '심방(深 깊을 심, 訪 방문할 방)'의 의미를 '깊이 방문하는 것'이라고 정의한다. 한 사람과 만나 이야기하고 상담할 때, 깊은 영적인 부분과 죄를 터치하는 것이 바로 심방이다.

요한복음 8장에 보면 예수님께서 간음한 여인을 심방하신 이야기가 나온다. 예수님의 심방은 여인의 은밀한 죄를 드러나게 하는 깊은 방문이었다. 그리고 예수님은 그녀에게 죄사함을 선포하시고 그녀를 용서하셨다. 예수님의 심방은 그녀의 깊은 영적인 부분과 죄를 터치하는 위대한 심방(深 깊을 심, 訪 방문할 방)이었다.

한 자매와 교회 카페에서 심방을 했다. 자매는 기도모임만 하면 속이 울렁거리고 답답해서 가슴을 손으로 때려도 편해지지 않는다고, 심할 경우에는 토가 나올 것 같다고 말을 했다. 어떻게 들으면 영적인 병처럼 느껴질 수도 있지만, 자매와 이야기를 하면서 하나님께서 자매에게 회개를 요구하신다는 사실을 알게 되었다. 카페에서 함께 기도할 때 하나님은 자매에게 자신의 모습을 보게 하셨던 모양이다. 그리고 많은 사람이 있는 공공장소였지만, 펑펑 울면서 기도하고 심방을 마쳤다. 그날 밤, SNS를 통해 연락이 왔다.

"목사님, 지금은 제가 좀 안 좋지만 분명 하나님이 저를 새롭게 하실 것을 믿어요. 근데 이 기회에 제가 용서라는 걸 하게 되었고, 작은 부분이지만 삶의 변화가 있었어요. 목사님, 저는 부모님에게 미움이 없다고 생각했어요. 근데 기도하면서 보니까 저는 언제부터인가 부모님을 아예 인간 취급조차 하지 않았던 것 같아요. 그래서 미움이라는 감정을 몰랐는데 목사님과 기도하면서 부모님께 너무 죄송한 마음이 들었어요. 이제는 가정을 위해 조금씩 기도하게 되고 생각을 조금씩 실천으로 옮기게 됐어요. 목사님, 감사합니다. 목사님 아니면 내가 왜 이런지도 몰랐을 거고, 용서는커녕 상처만 남기는 사람이 되었을 거예요. 추신. 아참 목사님! 이제는 기도해도 가슴이 답답하거나 토하는 건 없어요. 하나님 정말 대단하신 것 같아요. 감사합니다."

나는 이게 '깊은 곳을 방문하는 심방(深 깊을 심, 訪 방문할 방)'이라고 생각한다. 아주 많은 청년이 자신의 마음과 영혼이 영적으로 터치 받는 심방을 요구한다. 이런 심방은 그들을 공동체의 일꾼으로 헌신자로 세우는 결정적인 역할을 한다. 특별히 청년 리더들은 이런 사역자들의 심방 모습을 그대로 닮아간다. 결국 공동체 전체가 마음을 방문하는, 깊은 곳을 방문하는 심방을 하게 되는 것이다.

우리 공동체는 돌봄과 심방 사역을 통해 청년들의 신앙이 성장하고, 신앙이 더 든든해진다는 사실을 알았다. 그렇기에 이 사역을 절대 게을리할 수 없다. 그리고 이때 중요한 것은 사역자의 영적건강이다. 한마디로 영적으로 든든히 서 있어야 한다는 뜻이다. 아무리 청년들을 잘 돌보고 싶고, 받아주고 싶어도 영적으로 올바로 서 있지 않으면 마음을 방문하고, 깊은 곳을 방문하는 심방은 어렵다.

하루는 심방을 하는데 청년들을 통해 부정적이고 힘들고 어려운 이야기들만 듣다 보니 나도 모르게 속에서 화가 치밀어 오르는 것이다. "갑자기 왜 분노가 일어나고, 화가 나는 걸까?" 싶어서 새벽에 기도를 하는데, 내 속에 영혼들의 힘듦과 어려움을 받아줄 만한 영적 쿠션이 고갈되어 있다는 것을 알게 되었다. 그때 나는 심방을 받는 당사자도 중요하지만 심방을 하는 사역자의 영성이 얼마나 중요한지 깨달았다.

많은 사역자가 자신의 영적 생활을 무시한 채 교회 사역에 매진한다. 나는 사역자에게 있어서 영적 고갈 현상은 저주라고 생각한다. 영적 고갈의 상태에서 한 심방은 자기 살을 갈아먹는 행동이며 자기도 죽고 성도도 죽이는 것이라고 생각한다. 그래서 사역자는 항상 자신을 돌볼 줄 알아야 한다.

"자신을 돌볼 줄 모르는 사역자가 어떻게 성도를 돌볼 수 있겠는가?"

한성교회 담임 목사님이신 도원욱 목사님의 말이다. 그래서 사역이 힘들고 피곤해도 먼저 청년들을 위해, 그리고 나 자신을 위해 내 영적상태를 하나님과 심방할 수 있어야 한다.

나는 매일 심방 사역과 양육 사역을 마치면 밤 11시가 넘는다. 예전에 사역하던 교회에서는 매일을 자정이 넘긴 시간에 퇴근했었다. 그럼에도 내가 새벽 시간을 놓치지 않으려고 하는 이유가 여기에 있다. 심방의 대가가 되고 싶다면 자기 자신부터 영적으로 건강해야 한다. 그것이 심방의 출발점이다.

심방 사역에 가장 중요한 것은 청년들을 향한 사랑이다

청년들 중에는 한강에 산다는 괴물 같은 청년들이 너무나도 많다. 생긴 건 잘생기고 예쁜데 그 속은 꼭 괴물 같다는 표현이 정확할 것이다.

나는 지금까지 사역을 하면서 사역적으로 가장 크게 위기감을 느꼈던 것이 청년들을 향한 미움이 일어났을 때였다. 한때 사탄은 내게 주체할 수 없는 미움과 사역의 회의감을 불어넣었다. 한 청년이 공동체에 등록을 했고 그와 심방 후 교제했다. 형제는 어려움 속에서 교회를 찾아왔고 공동체를 통해 도움 받기를 원했다. 내가 해줄 수 있었던 것은 매주 반찬을 해서 가져다주고, 아프면 새벽이든 밤이든 병원에 데려다주거나 병원에 간다면 병원비 쥐어주기였다. 어느 늦은 밤에 전화가 왔다. 몸이 아파서 응급실에 왔다고 하면서 40만 원을 부쳐달라기에, 내가 가겠다고 하니 피곤하신데 오지 말고 온라인으로 부쳐달라는 것이다. 나는 그 이후로 형제를 두 번 다시 만나지 못했다. 얼마나 큰 배신감이 밀려오던지, 마음속에 주체할 수 없는 미움이 일어났다.

알코올 중독으로 병원을 들락날락하던 형제가 공동체에 등록했다. 집으로 심방을 가보면 30대 초반의 형제는 항상 술을 끼고 동네 놀이터에 있거나, 집에서 잠을 자고 있었다. 금요일 저녁 예배를 준비하는데 전화 한 통이 왔다.

"여기 경찰서인데요. 권기웅 목사님이세요?"

"네, 그런데 무슨 일로 그러세요?"

"○○○ 아세요? 지금 성추행범으로 여기에 잡혀와 있습니다. 잠시 오실 수 있으세요?"

전화를 끊고 경찰서에 가서 보니 얼굴은 온통 피투성이에 옷은 갈기갈기 찢어져 있었다. 사건인즉, 이 친구가 이른 저녁에 술을 먹고 지나가는 여대생의 신체 일부분을 만지자 비명을 지르는 소리를 듣고 지나가던 행인들이 그 형제를 집단으로 구타했던 것이다.

경찰서에서 엉망진창이 된 형제를 보는데, 울분이 치밀어 오르는 것이다. 하나님이 원망스러웠다.

"하나님은 왜 이런 사람만 내게 붙여주십니까?(내 마음속에서 욕이 나왔다) 이 미친놈아, 이 병신 같은 놈아……." 속으로 그렇게 말하면서 형제에게 다가가는데, 나도 모르게 눈물이 나기 시작했고 형제를 끌어안고 울기 시작했다.

"미안하다. 내가 잘못했다. 내가 잘못했다."

하염없이 우니까 그 형제가 나를 위로하기 시작했다.

"목사님, 잘못 없어요. 제가 잘못했어요."

미움은 사랑으로 번져갔고 회의는 감사로 바뀌었다. 그때 이후로 사역에 회의가 사라지고 회복이 임하기 시작했다.

사역자에게 영혼사랑이 사라지면 모든 것이 거짓이 된다. 영혼사랑이 없는 사역자의 심방은 생명력을 잃고 그냥 사람을 만나는 행위가 되고 만다. 그런 사역자의 설교는 누구도 변화시킬 수 없는 공허한 외침에 불과하다. 영혼사랑은 모든 사역의 핵심이다. 심방 사역도 마찬가지다. 청년들을 향한 사랑이 사람을 변화시키는 심방으로 이어지게 되는 것이다.

PART 02

변화의 중심이 된
공동체는 부흥한다

두려워 말라 내가 너와 함께 함이니라 놀라지 말라

나는 네 하나님이 됨이니라 내가 너를 굳세게 하리라

참으로 너를 도와주리라

참으로 나의 의로운 오른손으로 너를 붙들리라

(이사야 41장 10절)

은혜가
변화의 시작이다

하계수련회 첫째 날 찬양시간에 분위기가 한창 무르익을 무렵, 한 자매가 나에게 찾아왔다. 양쪽 손에 마비가 와서 움직이지 못한다며 울면서 찾아온 것이다. 알고 보니 이 자매는 오늘 처음 교회를 와서, 얼떨결에 수련회에 따라온 자매였다. 걱정이 태산같이 밀려왔다. '교회 처음 왔다는 자매가 양손이 마비가 되어 집에 가면 난 이제 끝장이다'라는 생각이 들었다. 순간 불명예스럽게 교회에서 쫓겨나는 내 모습이 상상되는 것이다. 절대 그럴 수 없다는 마음으로 힘으로라도 손가락과 팔을 주무르며 굳어 있는 몸을 펴기 시작했다. 그러자 잠시 펴지는가 싶더니 이내 다시 손가락과 팔이 오그라들었다.

결국 이 친구를 데려온 리더와 함께 예배당 옆에 있는 작은 사무실로 갔다. 이 자매를 안심시키고 편안한 자세로 눕히고 이불을 덮어주었다. 그리고 리더와 함께 정말 간절하게 기도했다.

"하나님, 자매 팔에 마비가 사라지게 도와주세요. 아픈 부분이 있다면 오늘 이 순간 치료해 주세요. 그냥 여기서 멀쩡한 모습으로 나가게라도 해주세요."

정말 간절하게 기도했다. 그렇게 기도하는 순간 나도 모르게 내 입에서 이런 말이 나왔다.

"자매가 지금까지 손으로 행해 왔던 죄에 하나님이 마음 아파하십니다."

그 말을 하고 난 후 자매는 멀뚱멀뚱 눈을 깜빡거리더니 닭똥 같은 눈물을 흘리며 울기 시작했다.

아무도 알지 못했지만 그 자매는 도벽을 가지고 있었다. 그 자리에서 회개가 터져 나오는데 "하나님, 아무도 모를 줄 알았어요. 아무에게도 들킨 적이 없는데, 그래서 하나님도 모를 줄 알았어요."라며 통곡을 하기 시작했다. 나는 자매에게 복음을 제시했다. 자매는 그 자리에서 예수님을 구주로 영접했고, 회개했다. 놀라운 것은 양손에 왔던 마비가 그 순간 바로 풀리기 시작했다. 나에게는 아주 신기한 경험이었다.

이것이 우리 청년 공동체 수련회의 모습이다. 성령님께서 모든 사람에게 똑같이 역사하시지는 않는다. 하지만 많은 청년이 성령의 강력한 임재가 있는 예배 속에서 하나님을 경험한다. 집밥이 주일에 드리는 예배라면, 외식은 1년에 두 번씩 진행되는 수련회라고 할 수 있다. 청년 사역에서는 집밥만큼이나 외식도 중요하다. 외식 한 번 잘하면 1년을, 아니 평생을 잘 살 수 있기 때문이다.

그래서 우리 공동체는 1년에 2회 실시하는 수련회에 생명을 건다. 70명인 공동체가 1200명의 공동체가 되기까지 수련회는 우리에게 없어서는 안 될 정말 중요한 사역이 되었다. 공동체가 변화하는 핵심에 수련회가 있기 때문이다. 아주 많은 청년이 공동체의 수련회를 통해 복음을 경험했고, 성령의 역사를 체험한다. 정말 사랑하는 마음으로 공동체 지체 한 명, 한 명을 부둥켜안고 서로 기도한다. 그때 놀라운 성령의 불꽃이 튀는 것을 경험한다. 변화는 공동체를 사랑하고 한 영혼을 사랑하는 마음을 통해 성령님께서 역사하시면서 일어나는 놀라운 일이다.

나는 청년 공동체 리더들에게 항상 이렇게 말한다.

"사랑의 기도는 변화의 시작이며, 부흥의 통로다. 나는 우리 리더들이 하는 사랑의 기도가 이번 수련회에 성령의 도구로 쓰임 받길 원한다."

그리고 우리 공동체의 리더들은 이 일을 두고 금식하며 기도하고 준비한다. 그렇게 생명을 걸고 준비한 수련회는 반드시 성령의 임재와 변화가 있고, 회개가 임하는 영광스러운 예배가 된다.

사도행전을 보면 초대 교회 120명의 리더들이 성령의 임재를 기다리며, 기도했을 때 놀라운 역사가 일어났다.

오순절 날이 이미 이르매 그들이 다 같이 한곳에 모였더니 홀연히 하늘로부터 급하고 강한 바람 같은 소리가 있어 그들이 앉은 온 집에 가득하며 마치 불의 혀처럼 갈라지는 것들이 그들에게 보여 각 사람 위에 하나씩 임하여 있더니 그들이 다 성령의 충만함을 받고 성령이 말하게 하심을 따라 다른 언어들로 말하기를 시작하니라(사도행전 2장 1~2절)

나는 2000년 전, 초대 교회에 임했던 위대한 성령의 역사가 우리 공동체에 임하기를 기도한다. 초대 교회는 이때 부흥을 경험한다. 우리 공동체의 이름이 'New Acts'인 이유도 바로 이것이다. 'New Acts'라는 이름은 한성교회 청년 공동체가 초대 교회의 부흥을 경험하는 공동체가 되길 소망하는 마음에서 명명된 것이다.

구약 시대에도 오늘날 수련회와 같은 집회의 모습이 있었다. 그 대표 모임이 느헤미야 8장의 수문 앞 부흥 운동이었다.

느헤미야 수문 앞 부흥의 특징은 무엇일까?

기쁨으로 모여야 한다

하나님의 은혜는 성도들이 한마음으로 모여 예배하는 곳에 임하는 것이다.

이스라엘 자손이 자기들의 성읍에 거주하였더니 일곱째 달에 이르러 모든 백성이 일제히 수문 앞 광장에 모여 학사 에스라에게 여호와께서 이스라엘에게 명령하신 모세의 율법책을 가져오기를 청하매(느헤미야 8장 1절)

느헤미야는 이걸 알고 있었다. 은혜는 사모하는 자들이 한곳에 모여서 예배할 때 강력하게 임하는 것이다. 그래서 이스라엘 백성들이 수문 앞 광장에 모이게 된 것이다.

지금 한국교회는 심각한 침체기를 맞이했다. 1993년부터 0.4%씩 성도가 줄고 있다는 통계다. 특별히 어린이들과 젊은이들의 수가 심각하게 줄고 있다. 사실 한국교회의 침체는 모이기를 싫어하는데서 시작했다. 청년들은 이제 더 이상 수련회 같은 곳에 모이기를 싫어한다. 그래서 요즘 청년 수련회를 가보면 청년들이 없다. 모이려 하지 않는다.

그러나 한성교회 'New Acts 청년 공동체'는 다르다. 수련회에 참석하는 인원이 600명이 넘는다. 어떻게 해서든 수련회에 청년들을 끌어 모은다. 한 달 이상 수련회를 위한 심방과 사역을 할 정도로 모든 에너지를 다 쏟아낸다. 심지어 교회에 처음 온 새 가족까지도 수련회에 데려간다. 수련회를 위해 가능한 모든 청년을 수련회에 데려간다. 이렇게 모인 수련회에서 무엇을 해야 할까?

무엇보다 말씀을 들어야 한다

사람이 모인다고 해서 변화가 생기는 것은 절대 아니다. 말씀이 들려야 변화가 있고, 생명의 역사가 있다.

수문 앞 광장에서 새벽부터 정오까지 남자나 여자나 알아들을 만한 모든 사람 앞에서 읽으매 뭇 백성이 그 율법 책에 귀를 기울였는데(느헤미야 8장 3절)

그들은 새벽부터 오정까지 적어도 약 여섯 시간 이상을 하나님의 말씀에 귀를 세우고 들었다. 그들은 아멘, 아멘하고 배고픈 아이가 밥 먹듯 말씀을 먹으니, 심령이 뜨거워질 수밖에 없었다. 그때에 모든 말씀이 깨달아지고, 가슴에 부딪쳐온 것이다. 이것이 부흥의 시작이다. 하나님이 주시는 부흥은 그분의 말씀이 내 영혼이 들릴 때부터 일어난다.

그래서 우리 공동체 수련회의 핵심은 청년들이 말씀을 듣게 하는 것이다. 이게 공동체 수련회의 전부다. 수련회 강사 선정이나 타임테이블에서 모든 이벤트, 심지어 오침까지도 철저하게 청년들이 말씀을 잘 듣게 하는 장치이다.

청년 간증 05

인생을 변화시킨 그해 여름수련회 🌸

저는 목회자 가정에서 태어나 아빠의 교회를 섬기며 자랐습니다. 기억도 안 나는 시절부터 오랫동안 교회에 다녔지만 조금씩 회의감이 들기 시작했습니다. 나는 과연 하나님을 믿는 것일까? 어린 시절부터 받은 교육으로 하나님을 아는 것일까? 하나님을 믿는다고 고백을 하면서도 저는 언제나 혼자 살았습니다. 엄마가 죽을 고비를 넘기는 큰 수술을 시작으로 일들이 터졌습니다. 15년 가까이 섬기던 아빠의 사역을 그만 둘 상황이 온 끝에 결국 사임을 하셨습니다. 저는 매주 다른 교회를 다녔고 교만과 우울함이 극에 달했음에도 여전히 힘든 걸 꾹꾹 담은 채 살았습니다. 이런 상황 속에서 한 주 들렀다 떠나리라는 마음으로 한성교회에 처음 나오게 되었습니다. 기대는 없었습니다. 그러나 조금씩 교회 사람들에게 마음을 열 때쯤 청년 공동체의 여름수련회를 어렵게 결정하게 되었습니다. 듣던 대로 공동체의 수련회는 정말 뜨겁다 못해 불덩어리 자체였습니다.

놀라운 건 수련회 둘째 날, 기도를 하는 가운데 제 안에 있던 더러운 영이 드러났다는 것입니다. 버거운 현실 가운데에 정말 생각지도 못한 사건이었습니다. 처음엔 워낙 황당해서 제대로 실감을 못했지만 이후로 때론 귀신 들린 사람처럼 때론 정신병자처럼 온전한 상태를 유지하지 못했습니다. 성경 속에서만 보아왔던 영적인 전쟁이 제 자신 속에서 이루어지고 있었습니다. 그것이 제 마음의 틈을 타고 들어와 주인 행세를 하며 저를 억누르고 나쁜 생각들을 집어넣고 있었습니다. 겉으론 멀쩡한 사람 같았지만 완벽하고 철저한 공격 아래에 그 부정적인 생각이 제 생각이라 여기며 지금까지 살아왔습니다. 그대로 두었더라면 얼마 안 가 죽었을 저를 하나님께선 그동안 지켜주셨던 것입니다.

그리고 수련회를 통해 늘 혼자였다는 생각을 깨고 버티고 참던 눈물을 흘리며 처음으로 누군가에게 가장 깊은 곳에 있던 이야기를 꺼냈습니다. 처음으로 마음껏 펑펑 울었습니다. 수련회 이후 교회에서 철야하며 고통스러운 시간을 보냈습니다. 밤이면 짐승처럼 뛰어다니고 소리 질렀습니다. 그때마다 함께 철야하며 사랑으로 저를 위해 매일 밤 기도하던 사람들에게 제 더러운 영은 입을 통해 온갖 욕과 조롱을 했지만 그들은 저를 붙잡으며 사랑한다 말하고 기도해주었습니다. 수련회 이후 한 달도 안되어 하나님은 셀 수도 없이 좋은 만남들을 주셨습니다. 저는 공동체 수련회를 통해 내 치부가 드러난 것이 한편으론 부끄럽기도 하지만, 또 한편으론 너무 감사하고 고맙습니다. 하나님, 사랑합니다. 나를 위해 기도해준 공동체의 모든 지체를 사랑합니다.

누가 사람을 변화시킬 수 있을까? 사람은 사람을 절대 변화시키지 못한다. 사람은 의지로 변화하지 않는다. 우리는 담배도 스스로 끊을 수 없고, 술도 스스로 끊을 수 없다. 사람은 의지가 약하다. 악습을 끊을 수 있는 의지가 없다. 미움을 스스로 없애고, 사람을 용서할 수도 없는 존재가 사람이다. 사람은 누군가의 말로도 바뀌지 않는다. 아내의 잔소리가 남편을 바꿀 수 없고, 부모의 잔소리가 자녀를 바꿀 수 없듯 사람은 사람의 말로도 변하지 않는다.

그러나 사람은 그를 창조하신 하나님 앞에 나아갈 때, 그 하나님을 만날 때 변화한다. 하나님이 우리를 만드셨기에 우리를 바꿀 수 있다. 그래서 복음은 인생을 바꾸는 능력이 있다. 너무나도 많은 청년이 수련회를 통해 바꿀 수 없었던, 끊을 수 없었던 삶의 많은 부분에 도전하고 변화하고 있다.

한 자매는 "수련회를 가겠다."고 약속했고, 그것을 어길 수 없어서 억지로 수련회에 참여하기로 했다. 3박 4일 동안 대충 있다가 오겠다는 생각으로 가방 속에 담배에 라이터까지 완벽하게 준비했다. 몇 번이나 담배를 끊어보겠다고 다짐했지만 매번 실패했기에 "이번 수련회에서 은혜를 받더라도 절대 담배는 끊지 않겠다."는 결심을 가지고 수련회에 참여했다고 한다. 수련회를 출발하기 전에 담배 한 대를 피겠다고 주머니 속에 담배 한 개피를 넣고 나가는데 리더한테 붙잡혀 담배도 못 피고 억지로 차량에 타게 되었다. 이것이 자매에게 담배와의 영원한 이별이었다고 한다.

수련회 둘째 날 저녁 말씀을 듣고 기도회를 하는데 하나님의 은혜가 자매에게 임했던 모양이다. 집회를 마친 후 자매는 가져온 담배를 휴지통에 버리고 다시는 담배를 피우지 않겠다고 결단했다. 아무리 노력해도 끊을 수 없었던 담배를 한순간에 끊게 한 것이 무엇인가? 우리는 사람의 의지나 능력 또는 힘으로 변하지 않는다. 우리 인생이 복음을 경험하고, 우리 안에 말씀이 임하면 자연히 바뀌게 되어 있다.

내 인생의 주인 되신 하나님 🌸

저는 예수님을 만나기 전에 인생 막장이 뭔가를 보여주는 그런 생활을 했습니다. 중학교 때부터 술, 담배를 시작했고, 친구들과 어울려 오토바이도 위험하게 탔습니다. 심지어 아침까지 술을 마시다 학교를 간 적도 있습니다. 술 마시는 신기록을 세운다며 3개월이 넘는 시간 동안 매일 술을 마시며 살기도 했습니다. 정말 말하기도 부끄러울 정도로 개념 없는 생활이었습니다. 거의 매일을 이렇게 살았는데, 어느 순간 '내가 왜 이렇게 살고 있을까'라는 생각이 들었습니다. 하지만 이런 생각도 잠시 저는 또 다시 그런 생활을 하게 되었습니다.

어느 날, 개봉역 앞에서 담배를 피우면서 친구를 기다리고 있는데 한성교회에서 나왔다는 아주 무섭게 생긴 형이 다가왔습니다. 그러더니 자기 교회에 11월 1일 축제가 있다면서 꼭 오라고 말하는 겁니다. 저는 그렇게 교회를 나가게 되었고, 다음 해 동계 수련회에 가게 되었습니다. 사실 전 그때까지도 예수님을 믿지 못했습니다. 반신반의했습니다. 목사님의 말처럼 예수님이 정말 있을까? 내가 정말 변화될 수 있을까?

하지만 첫째 날, 둘째 날이 지나면서 내 속에 믿음이 생기기 시작했습니다. 특별히 둘째 날 저녁에는 눈에 수도꼭지를 틀어놓은 것처럼 내 눈에서 뜨거운 눈물들이 멈추지 않았습니다. 그때 처음으로 내가 죄인이라는 것을 고백했습니다. 예수님을 믿기 시작했습니다. 예수님이 날 위해 십자가에서 죽었구나. 이 말도 안 되는 일을 믿은 것입니다. 계속해서 기도를 하는데 등부터 뜨거워지는 무언가가 목을 턱 막히게 하더니 그 순간부터 이상한 말들이 나오는 것입니다. 방언이었습니다. 그 뒤로 저는 많은 부분에 변화가 생겼습니다. 절대 끊지 못할 것 같았던 술과 담배를 서서히 끊어가고 있습니다. 아직 완전하지는 않습니다. 힘들 때도 있습니다. 그러나 확실한 하나는 내 인생이 바뀌고 있다는 것입니다. 개념 없던 내 인생에서 무엇을 위해 살아야 할지 개념을 찾았고, 어떻게 살아야 할지 알게 되었습니다.

이제는 누구 앞이든 자신 있게 말할 수 있습니다. 저는 예수님 때문에 행복한 사람입니다. 이번 수련회는 제 인생이 달라진 수련회였습니다. 하나님께 정말 감사하고, 끝까지 포기하지 않고 저를 데려가준 목사님과 ○○형에게 고맙습니다.

우리 공동체의 수련회에는 믿음의 역사, 죄사함의 은혜, 성령의 강력한 임재가 있다. 수많은 청년이 예수 그리스도를 인생의 주인으로 고백하며 결단한다. 강력한 성령의 임재로 죄와 악습을 끊어내고 삶을 바꾸겠다고 도전한다. 용서하지 못하던 사람들을 사랑하고 용서하겠다고 결단하는 청년들도 있다. 간증의 내용처럼 더러운 영적 세력들이 그 자리에서 떠나가기도 하고, 드러나기도 한다. 성령의 강력한 임재가 있는 수련회는 청년 공동체를 새롭게 만들었다. 수련회를 다녀오면 공동체의 리더가 20명 이상 새롭게 세워졌다. 또한 그들이 수많은 사람을 전도하며 공동체를 새로운 물로써 활기를 불어넣고 있다. 청년 공동체의 수련회는 청년들의 삶을 돌이키고, 회개하게 하고, 비전을 발견하게 하는 장으로 만들어라. 그렇다면 공동체의 놀라운 부흥을 보게 될 것이다.

CHAPTER

02

변화를 경험한 사람은 리더가 된다

한성 New Acts 청년 공동체 리더들은 유독 부족하고 연약한 사람들이 많다. 인간적인 잣대를 가지고 보면 오합지졸에 가깝다. 하지만 난 그들이 자랑스럽다. 질그릇같이 부족하지만, 자신의 깨어짐 속에 보화 되신 주님을 기꺼이 드러내려고 하는 그들이 아름답다. 우리 공동체의 리더들은 하나님을 경험했기에 그분을 위해 생명을 드리는 열정이 있다. 불을 경험했기에 불같은 사역을 감당한다.

사도행전을 보면 사도 바울이 에베소에서 사역할 때 아볼로라는 사람이 등장한다.

알렉산드리아에서 난 아볼로라 하는 유대인이 에베소에 이르니 이 사

119

PART 02 변화의 중심이 된 공동체는 부흥한다

람은 언변이 좋고 성경에 능통한 자라 그가 일찍이 주의 도를 배워 열심으로 예수에 관한 것을 자세히 말하며 가르치나 요한의 세례만 알 따름이라(사도행전 18장 24~25절)

아볼로는 똑똑하고, 많이 배우고, 박학다식한 사람이었다. 그러나 그는 요한의 세례만 알았다. 무슨 말인가? 그는 성령의 세례를 몰랐다는 것이다. 그래서 그의 가르침엔 사람을 변화시킬 힘이 없고, 능력이 없었다.

그러나 26절을 보면 그곳에 브리스길라와 아굴라라는 부부가 나온다.

그가 회당에서 담대히 말하기 시작하거늘 브리스길라와 아굴라가 듣고 데려다가 하나님의 도를 더 정확하게 풀어 이르더라(사도행전 18장 26절)

솔직히 인간적인 눈으로 볼 때 누가 더 뛰어날까? 아볼로가 훨씬 더 뛰어난 사람이다. 더 똑똑하고 더 많이 배웠다. 그런데 놀라운 사실이 무엇인가? 그 똑똑하고 잘났던 아볼로가 누구를 만나고 변화되는가? 놀랍게도 천막장사였던 브리스길라와 아굴라 부부를 통해서 아볼로가 변화된다. 사람을 변화시키는 것은 지성이나 이성이나 율법 같은 게 아니다. 볼품없고, 자랑할 것 없지만 하나님을 만나고 변화의 경험이 있는 사람이 사람을 변화시키는 것이다.

하나님을 경험한 리더가 탁월하게 가르친다. 교회 공동체의 가르침은 정보 전달에 초점이 있지 않고, 영혼변화에 그 초점이 있다. 그래서 하나님을 경험한 사람을 통해 말씀이 전달되는 순간, 그 가르침을 만나는 순간에 우리 영혼이 터치를 받고, 감동을 느끼고, 눈물이 나고, 마음에

흔들림이 있고, 놀라운 변화의 결단을 하게 되는 것이다.

내 자리에 가면 컴퓨터 모니터에 포스트잇이 덕지덕지 붙어 있다. 우리 청년 리더들과 청년들이 붙여놓고 간 기도제목들이다. '목사님, 아빠랑 같이 예배드리게 기도해주세요.', '마하나임! 3월 9일 분팀! 아자! 아자! 사랑해요, 목사님.', '○○대학교 추가원서, ○○대학교 예비 ○○번. 목사님 다음 주까지예요', '하나님의 폭포수와 같은 사랑을 체험하고 싶습니다', '기도 부탁하기도 염치없지만, 그래도 이미 엎질러진 거, 기도 밖에 없으니깐, 3월 10일까지 생활비 60만 원 필요합니다. 매달 엄마한테 드렸던 돈인데, 실업급여 신청은 할 거지만 이게 회사에서 해줘야 하는 것이어서요. 기도 부탁드려요.', '목사님, 학비 50만 원이 필요해요.'

기도제목들만 봐도 정말 찌질하지 않은가? 솔직하게 이게 우리 공동체 리더들의 면면이다. 하지만 이들은 기도 없이 살 수 없음을 인정하는 믿음의 고백을 하고 있다. 찌질한 이들의 기도가 70명의 공동체를 1200명의 공동체로 만든 하나님의 주역들이다.

어느 날, 재수를 하는 한 청년이 컴퓨터 모니터에 기도제목을 붙이고 갔다. '목사님 저 대학가는 것 위해 기도해주세요. 저 내년엔 우리 공동체 진짜 섬기고 싶어요.' 그러면서 원서를 낸 대학과 과를 엄청 많이 적어놓고 갔다. 이 청년은 우리 예배를 통해 은혜를 받고 공동체를 너무 사랑하게 된 친구였다. 결국 이 청년은 경희대 수학과에 합격했다. 그리고 나는 이 친구를 순장으로 세웠다. 얼마나 열심히 섬기던지, 전도가 있는 날이면 새벽기도회부터 나와 전도를 준비했다. 혼자 음료를 준비하고, 전도지를 복사하고, 사람들에게 모닝콜을 했다. 영혼을 붙여줬더니 얼마나 열심히 심방하던지, 그 아이는 매일 새벽마다 강대상에서 목소리 높여 울부짖으며 기도했다.

그런데 어느 날, 이 청년이 내게 찾아와 이렇게 말하는 거다.

"목사님, 저 위해 기도해 주세요. 저 건강이 안 좋아요. 목사님, 저 뇌전증이라는 병을 앓고 있어요."

우리가 흔히 말하는 간질이다. 너무 눈물이 났다. 마음이 많이 아팠다. 지금도 이 청년을 위해 기도한다.

생명을 다해 공동체를 섬기는 사람이 누구인가? 건강이 좋다고 공동체를 섬기는 것 아니다. 똑똑하다고 리더를 하는 것도 아니다. 돈 많다고 할 수 있는 일이 아니다. 몸이 아프고, 상황이 힘들어도 하나님을 경험한 사람이 공동체를 섬기는 것이다. 뇌전증을 앓더라도 하나님을 경험한 사람은 공동체를 섬기는 리더가 되는 것이다. 변화를 경험한 사람이 인생을 헌신하고 상황을 뛰어넘는 공동체의 리더가 되는 것이다.

사사기에 등장하는 기드온은 정말 연약한 사람의 대명사였다. 그는 탈곡하는 사람이었고, 미디안이 두려워 포도주 틀에서 탈곡했던 겁쟁이였다. 결과적으로 보면 기드온이 이스라엘의 구원자로 쓰임 받는다. 그것도 자그마치 40년 동안 사사로서 이스라엘을 다스린다. 우리 하나님은 너무 놀랍다. 사사기를 보면 "여호와의 사자가 손에 잡은 지팡이 끝을 내밀어 고기와 무교병에 대니 불이 바위에서 나와 고기와 무교병을 살랐고 여호와의 사자는 떠나서 보이지 아니한지라(사사기 6장 21절)"라고 쓰여 있다. 하나님은 기드온을 사사로 쓰시기 전에 먼저 불의 예배를 경험하게 했고, 하나님과 불 같은 만남을 가지게 하셨다. 그 후부터 기드온은 하나님께 위대하게 쓰임 받는다. 여기에 해답이 있다. 물론 훈련도 중요하다. 하지만 리더는 훈련이 아닌 하나님을 경험한 사람이어야 한다는 것이 내가 리더를 세우는 가장 큰 조건이다. 리더는 불의 예배를 통해 변화된 사람이어야 한다.

히딩크는 한국 축구를 월드컵 4강으로 이끈 감독이다. 하지만 한때 그의 별명은 '5 대 0'이었다. 우리 공동체에도 이런 팀장이 있었다. 그의 별명은 '10미만'이다. 우리 공동체는 한 팀당 출석인원이 적게는 20명, 많게는 70명까지 출석하는 팀들도 있다. 근데 이 팀장이 맡은 팀이 우리 공동체 최초로 10명 미만이 출석하게 된 것이다. 내 기억으로는 그 주에 9명이 출석했던 것 같다. 이런 경험은 처음이었다. 공동체의 지도자들은 그가 분명 하나님을 경험한 팀장이며, 지금도 불같은 열정을 가진 팀장이라는 것을 알고 있었다. 기다리고 기다렸다. 기도해주고, 용기를 주었다. 놀라운 건 얼마 지나지 않아 그 팀은 출석 40명이 되어 분팀을 했고, 지금은 60명이 출석하는 팀으로 또 다시 분팀을 준비하고 있다는 사실이다. 나는 지금까지 하나님을 만나고 변화를 경험한 청년을 리더로 세운 것에 단 한 번도 실패한 적이 없다. 변화를 경험한 청년 리더는 반드시 공동체를 세우는 주축이 된다.

우리 공동체가 리더를 세우는 방법은 여러 가지가 있다. 먼저는 훈련을 통해 리더를 세운다. 또한 예배와 수련회를 통해 변화와 복음을 경험한 청년들을 리더로 세운다. 나는 훈련된 청년을 리더로 세우는 것보다 이제 핏덩이 같은 청년들을 리더로 세우기를 즐긴다. 그것이 더 즐겁고 기분 좋은 일이며 한 사람의 영적 변화를 지켜볼 수 있는 일이기 때문이다.

독일에 한 축구클럽 감독이 한국 선수 한 명을 영입했다. 왜 그를 영입했냐는 외신 기자들의 질문에 감독의 답이 예술이다.

"무명 선수를 키워내는 재미가 참 쏠쏠하다."

정말 명쾌하고 기분 좋은 대답이다. 나도 마찬가지라고 생각한다. 청년 사역을 하면서 내가 느끼는 한 가지는 좋은 리더는 훈련보다 성품과 열정이 더 중요하다는 것이다.

아무리 많은 훈련을 받아도 성품이 좋은 사람을 앞서지 못한다. 또한 그 어떤 지식이 있다하더라도 성령의 능력으로 사역하는 사람은 절대 이기지 못한다. 공동체를 통해 변화를 경험한 이런 리더들이 세워지기 시작하면 공동체는 강력한 열정으로 무장된다. 공동체 기도가 뜨거워지고, 공동체 전도가 살아나고, 공동체 예배가 살아난다.

31세, 비전이 생기다

저는 초등학교 1학년부터 교회를 다닌 아주 오래된 신자였지만, 신앙과는 별 상관없는 삶을 살았던 그런 사람이었습니다. 막 스무 살이 되었을 때 저의 꿈은 부자가 되는 것이었습니다. 이러한 고민을 계속하다가 제가 내린 결론은 금융업을 하는 것이었습니다. 저는 대학교에 입학하자마자 1년치 학자금을 부모님께 미리 받아 주식을 시작했습니다. 그러면서 혹시나 모를 위험에 대비해서 컴퓨터 학원 강사로 학자금을 내고 지속적으로 주식을 매매했습니다.

군대에 다녀와서는 금융 회사 취업을 위해 전문대 졸업 후 4년제로 편입을 했습니다. 낮에는 학교를 다니고 밤에는 편의점 아르바이트를 하면서 그렇게 학창 시절을 보냈습니다. 그러다 작은 금융 회사이긴 했지만 취업의 길이 열렸고, 학교에 취업계를 내고 회사에 다니기 시작했습니다. 그곳에서 저는 입사 후 6개월 만에 최연소, 최단기 팀장이 되었고, 입사 10개월 만에 월급여가 1000만 원이 넘는 말로만 듣던 고액 연봉자가 되었습니다.

2006년, 저는 26세에 억대 연봉을 받으며 성공한 사람의 대열에 합류했습니다. 저는 서울 시내 각종 최고급 전망대에서 몇십만 원씩

하는 식사와 최고급 와인을 마셨고, 자연스럽게 술 마시는 기회도 많아지면서 유흥의 유혹도 접하게 되었습니다. 그때는 아무런 거부감 없이 그러한 생활을 즐겼습니다. 차도 외제차로 바꾸고, 먹고 싶은 것, 사고 싶은 것을 다 사도 돈이 남았습니다. 그 후 저는 H기업으로 이직했습니다. 2008년 하반기 때는 그 회사에서도 최연소 부지점장으로 정점을 찍고 우리 지점과 우리 팀은 최고의 팀워크를 자랑하며 주목을 받았습니다. 그때 저의 교만은 하늘을 찔렀습니다. 내가 하나님이었습니다. 지금 생각하면 저는 짐승 같은 인간이었던 것 같습니다.

그러나 좋은 시절은 그때가 마지막이었습니다. 실적에 욕심을 부리다가 무리하게 밀어붙인 계약이 해지가 되고 환수되는 금액들은 점점 커졌습니다. 그러다 보니 돈을 버는 게 아니고 회사에 도리어 주고 있었습니다. 때마침 미국에서 리먼 브라더스 금융 위기 사태로 주식시장은 급락해 우리가 투자했던 돈이 순식간에 대량 손실로 다가왔습니다. 내 돈만 잃었다면 아무 문제가 없었을 텐데, 투자를 했던 많은 사람의 자금마저도 잃게 되었습니다.

결국 회사에서 제가 모든 책임을 지고 퇴직을 하게 되었습니다. 회사와의 법적 분쟁으로 법원을 들락날락하고, 제때 돈을 받지 못한 투자자들의 민, 형사상 소송으로 경찰서와 검찰을 오가며 조사를 받았습니다. 제 인생 최악의 순간들이었습니다. 하필이면 그때, 항상 내 곁에서 가장 많이 도움을 주었던 회사 동생이 저처럼 조사 받고, 이리저리 사람들한테 시달리다 결국 자신의 집에서 목을 매고 자살 했습니다. 그 소식을 들은 후 우울해진 저는 "이 세상 살면 뭐 하나? 나도 아픔 없는 곳으로 갈까?"라고 생각하며 다 포기하고, 죽고 싶은 마음만 들었습니다.

재정적인 부분도 너무 힘들었습니다. 한 달에 1000만 원 넘는 돈을 가지고 지냈던 제가 단돈 10만 원, 20만 원으로 생활을 했습니다. 그렇게 어려운 일들이 매일 반복되다보니 위로와 쉼을 얻을 수 있는 곳을 찾고 싶었습니다. 저는 사람을 만나는 것이 두려웠고, 불안감에 항상 짓눌려 있었습니다. 그때 교회가 생각났습니다. 교회에 가야 되겠다는 생각이 들었습니다. 목동 근처에 있는 교회는 다 돌아다녔습니다. 그러다가 찾은 곳이 바로 한성교회입니다.

한성교회에서의 예배는 나의 삶에 큰 위로가 되었습니다. 예배를 드릴수록 내 마음속에 희망이 생겨나기 시작했습니다. 그러던 중 청년회 하계수련회에 참석하게 되었습니다. 강사 목사님의 말씀 하나하나가 내 얘기 같았습니다. 수련회 마지막 날 저녁 집회 때 하나님은 제 가슴속으로 찾아오셨습니다.

"○○아! 내가 너의 하나님이다. ○○아! 넌 내 아들이야."

하나님은 모든 것을 잃고 빈털터리로 있던 저를 당신의 아들로 받아주시고, 자녀 삼아 주셨습니다. 그때부터 제 인생에 놀라운 변화가 생겼습니다. 모든 것을 잃고, 죽고 싶어 했던 저에게 살아야 할 소망이 생겼고, 31세의 나이에 꿈과 비전이 생겼습니다. 모두가 포기하라고 말하지만, 전 이제 어떤 어려움 속에서도 절대 포기하지 않습니다.

이 간증은 우리 공동체에서 3년째 청년부 회장을 맡고 있는 형제의 이야기이다. 이 형제는 우리 공동체에서 누구보다 열정적으로 하나님을 사랑하고 섬기는 사람이다. 누가 교회를 섬기고, 하나님을 섬기는가? 돈 많은 억대 연봉자? 많이 배우고 좋은 대학 다니는 청년들? 절대 아니다. 힘들고 어렵지만 하나님을 만난 사람이다. 변화를 경험한 사람이 공동체를 이끌어 가고, 공동체의 부흥을 만들어 가는 것이다.

CHAPTER

03

변화는 변화를 만든다

영국 템스 강변에서 어떤 노인이 낡은 바이올린을 연주하며 구걸을 하고 있었다. 그 소리는 어떤 선율이라기보다는 잡음에 가까웠고, 아무도 관심을 기울이지 않았다. 그때 낯선 한 외국인이 산책을 하다 말고 그 할아버지에게 다가왔다.

"할아버지, 준비한 동전은 없지만 대신 제가 바이올린을 몇 곡 연주해 드리면 안 되겠습니까?"

바이올린을 받아든 이 외국인은 먼지를 닦고 조율을 마친 다음 바이올린을 연주하기 시작했다. 그러자 그 낡은 바이올린에서 신비하리만큼 아름다운 선율이 흘러나왔다. 많은 사람이 발길을 멈추어 섰고, 어느새

할아버지의 모자에는 동전과 지폐로 가득 찼다. 알고 봤더니 그 사람이 위대한 바이올리니스트 파가니니였다고 한다.

쓰레기 같은 바이올린이 파가니니 손에 들어가니까 놀라운 소리를 내는 악기가 되었다. 몇십억짜리 바이올린을 내가 들고 연주한다면 그건 아마 잡음이 될 것이다. 바이올린 하나도 누구의 손에 붙잡히느냐에 따라 소리가 달라지고, 음악이 달라지고, 가치가 달라진다.

박노해 시인의 말처럼 '사람만이 희망'이다. 이 말이 정답이다. 하나님도 사람을 통해 역사하시고, 일하신다. 청년 사역에서 가장 중요한 것이 무엇이냐 묻는다면 나는 하나님 다음으로 사람이라고 말하고 싶다. 이건 청년 사역뿐만 아니라, 세상 모든 일에서도 사람만큼 중요한 것은 없다.

청년 사역을 하면서 가장 기억에 남는 리더 몇 명이 있다. 그중에 한 자매는 다리가 불편한 장애를 가지고 있다. 하지만 나는 아직까지 그 자매만큼 사역적으로 뛰어난 사람을 본 적이 없다. 2009년 내가 한성교회에 처음 부임했을 때, 그 자매는 우리 공동체에서 임원으로 섬기고 있었다. 그해 여름 우리는 함께 예배하고 기도하고 수련회를 갔다. 많은 사람이 참여하지는 않았지만, 그 수련회는 내게 잊을 수 없었다. 그 자매도 그때 하나님을 경험하고, 은혜를 받았다. 세상과 교회를 향해 교묘하게 양다리를 걸치고 살던 자매는 그때를 기점으로 세상적으로 즐기던 모든 것을 끊어버렸다. 그리고 남자 친구와도 헤어졌다. 수련회를 다녀온 후 자매는 리더로 섬기게 되었다.

그런데 내 속에 깊은 걱정이 생겼다. 자매가 체력적으로 많이 힘들 텐데, 잘 따라올 수 있을까? 그러나 내 걱정을 비웃기라도 하듯이 그 자매는 추운 겨울, 가장 열심히 전도했고 자기 팀의 한 영혼을 세밀히 살피며 심방했다. 그 자매가 우리 공동체에서 처음으로 분팀을 경험한 팀장이 되었다. 그 이후 자매는 어디에, 어떤 팀을 맡겨놓아도 부흥을 만들어 내는 사람으로 쓰임 받았다.

이게 부흥의 위대한 법칙이다. 복음을 통해 변화를 경험한 리더는 반드시 공동체에 거룩한 영향을 미치고 공동체를 바꾸는 리더가 된다. 그 사람은 어디에 어떤 자리에 두어도 똑같은 영향력을 발하게 되는 것이다.

12년 동안 청년을 섬기면서 발견한 가장 위대한 진리가 있다면 "부흥을 경험한 사람만이 부흥을 만드는 사람이 된다는 것"이다. 그래서 교회들이 사역자를 청빙할 때 그 사역자가 부흥을 경험한 사람인지 아닌지를 확인하게 된다. 부흥을 경험한 사역자는 부흥이 몸으로 체득된다. 본능적으로 몸이 부흥의 길을 아는 것이다. 나는 이 말에 100% 동의한다.

내가 대구에서 사역을 하고 서울로 상경할 때 막연한 두려움이 존재했다.

"내 사역이 진짜 서울에서도 통할까? 서울에서도 사역적으로 승승장구할 수 있을까?"

그러나 얼마 지나지 않아 그 두려움은 기대로 바뀌고, 비전으로 바뀌기 시작했다. 한 달이 지나 70명 공동체는 140명으로 늘어났다. 5개월이 지나자 240명으로 처음의 세 배 이상 성장했다. 나는 교회 사역을 통해 어디를 터치하면 청년들이 오는지, 어떤 방법을 쓰면 공동체가 성장하는지를 알고 있었던 것이다. 아마 내 온몸이 이전에 경험했던 성장과 부흥을 기억하고, 본능적으로 나를 부흥으로 이끌어갔던 것이다.

이를테면 70명이었던 청년 공동체를 가장 빨리 성장시키는 방법이 무엇이겠는가? 전도를 통해 사람들을 밖에서 데려와야 한다고 생각할 것이다. 하지만 내가 사역했던 경험으로는 그것보다 더 확실한 방법이 있었다. 바로 교회 안에 숨어있는 청년들을 공동체로 끌어오는 것이었다. 그래서 예배를 살려야 했다. 그들이 공동체에 오더라도 예배가 그들을 붙들어주는 역할을 하기 때문이다. 나는 가장 먼저 교회 안에 숨어있는 청년들을 찾아내기 시작했던 것이다. 이 생각은 적중했다. 한 달에 두 배의 성장이라는 결과를 가져왔다. 이것은 단순한 아이디어가 아니다. 내가 이전에 사역을 통해 점검된, 확실한 길이었던 것이다. 이런 식의 체험으로 알게 된 성장과 부흥의 길을 나는 정확하게 알고 있었다.

그리고 이런 방법에는 중심이 덧입혀져야 한다. 바로 하나님의 마음과 눈물이다. 건강하지 못한 공동체를 바라보는 내 마음은 찢어지듯 아팠고, 그 아픔이 나를 기도의 자리로 불러들였다. 예배당에서 철야와 금식을 시작했다. 한 사람, 한 사람을 공동체로 끌어당겼고, 그들을 향해 공동체에 대한 비전을 품게 했다. 이게 신기한 것이다. 나는 대구에서 7년 동안 청년 사역을 하면서 사역에 대한 부흥 매뉴얼을 정리한 것이 없었다. 정말 놀라운 것은 내 머리는 다 기억하지 못하지만, 내 몸이 부흥을 기억하고, 내 영혼이 부흥을 알고 있었다는 것이다.

우리 청년 공동체의 핵심 리더라고 할 수 있는 팀장들에게 하나 같은 소망이 있다. 그것은 분팀을 경험한 팀장이 되는 것이다. 팀장 사역을 하면서 가장 수치스러운 말 중에 하나가 "너 아직 분팀 못해봤어?"라는 말이다. 그런데 분팀은 한 번 하기까지가 힘들지, 한 번 분팀을 경험하면 계속해서 분팀을 하는 팀장이 될 수 있다. 고기도 먹어본 사람이 먹는다고, 분팀도 해본 사람이 할 수 있는 것이다. 부흥의 경험은 반드시 부흥을 부른다.

사사기에 처음으로 등장하는 사사가 바로 옷니엘이다. 첫 번째 사사 옷니엘은 사사기에서 굉장히 상징적인 의미를 가지고 있다. 옷니엘은 어떤 사람인가? 정말 빛나는 존재인가? 아니면 누구도 쫓아올 수 없는 탁월한 사람인가?

이스라엘 자손이 여호와께 부르짖으매 여호와께서 이스라엘 자손을 위하여 한 구원자를 세워 그들을 구원하게 하시니 그는 곧 갈렙의 아우 그나스의 아들 옷니엘이라(사사기 3장 9절)

성경은 옷니엘을 소개할 때 갈렙의 아우 그나스의 아들 옷니엘이라고 소개하고 있다.

그리고 사사기 1장 13절에서도 옷니엘을 소개할 때 갈렙의 아우 그나스의 아들 옷니엘이라고 소개하고 있다. 보통 성경은 인물의 프로필을 적을 때는 ○○○의 아들이라고 소개하는 것이 통상 관례지만 옷니엘의 경우에는 형 이름을 먼저 소개하고 아버지의 이름을 소개했다는 것이다.

많은 신학자가 이 부분을 첫 번째이기 때문에 상징성을 부여하려고 지명도 높은 형 갈렙을 통해 옷니엘을 소개했다고 말한다. 그런데 나는 그렇게 해석하지 않는다. 예전에 TV 토크쇼에 김종국이라는 가수가 나온 적이 있다. 이 사람의 형이 자기가 다니던 고등학교에서 전교 1등 출신이었다는 것이다. 그 학교를 입학했을 때 선생님들이 하는 말이 "너 누구누구 동생이지?"였다. 고등학교를 다니는 내내 김종국이라는 가수는 누구누구의 동생이라는 타이틀을 가지고 살았다는 것이다. 성경이 말하는 것은 옷니엘이라는 사사는 지금까지 살아오면서 사람들에게 그냥 '옷니엘'이라고 불린 적이 한 번도 없었다.

"너 갈렙 동생이지? 네 형이 갈렙이지? 갈렙의 동생 옷니엘."

하나님이 이 어둠의 시대에 사용했던 첫 번째 사람은 열등감의 인생이었다. 그래서 나는 옷니엘을 열등감의 사사라고 부른다. 하나님은 열등감 투성이의 사람도 이스라엘의 구원자로 사용하셨다.

나는 우리 공동체 리더들에게 항상 말한다. 너희 속에 아무리 많은 열등감이 있다 해도 하나님은 너희를 고치고 고쳐서라도 위대한 부흥의 사람으로 쓸 수 있다. 그래서 그런지 우리 공동체는 열등감으로 가득한 리더들이 많다. 그럼에도 그들은 분팀에 분팀을 경험하는 부흥의 사람으로 쓰임 받는다. 함께 사역하는 전도사님은 이렇게 고백했다.

"나는 열등감이 많은 사람입니다. 그런데 하나님은 그런 나를 'New Acts 청년 공동체'에서 부흥의 중심으로 사용하십니다." 굉장한 고백이다. 하나님은 우리를 고쳐서 부흥의 주역으로 쓰길 원하신다.

한 자매는 불치병을 앓고, 가정은 폭력으로 무너지고 깨어졌다. 그는 항상 물질적으로 힘들어한다. 하지만 그는 우리 공동체에 없어서는 안 될 보물 같은 존재다. 리더 한 명이 90명의 출석 청년을 돌보는 것이 가능할까? 그런데 열등감으로 가득한 이 친구는 그걸 해낸다. 부흥은 열등감이 있다, 없다의 문제가 아니다. 하나님을 경험한 사람은 누구든 부흥의 사람이 될 수 있다.

사사기 3장에는 에훗이라는 사사가 등장한다. 사사기를 보면 에훗이 얼마나 부족하고 연약한 사람인지 한눈에 알 수 있다.

이스라엘 자손이 여호와께 부르짖으매 여호와께서 그들을 위하여 한 구원자를 세우셨으니 그는 곧 베냐민 사람 게라의 아들 왼손잡이 에훗이라 이스라엘 자손이 그를 통하여 모압 왕 에글론에게 공물을 바칠 때에 (사사기 3장 15절)

우리가 주목해야 될 것은 성경에서 에훗을 소개할 때 '베냐민 사람 게라의 아들 왼손잡이 에훗'이라고 말씀한다는 것이다. 당시 베냐민 사람 중에는 유독 왼손잡이가 많았다. 사사기 20장을 보면 베냐민 지파에 왼손잡이만 700명이 있었다고 한다. 그런데 중요한 것은 여기 나오는 왼손잡이라는 말의 정확한 의미이다. 우리가 생각하는 왼손잡이는 왼손으로 밥 먹고, 왼손으로 공 던지고, 왼손으로 글 쓰는 것인데, 여기에 왼손잡이는 '오른손을 못 쓰는 사람'이라고 표현되어 있다는 것이다. 한마디로 에훗은 왼손을 잘 사용하는 사람이 아니라, 오른손을 못 쓰는 사람이라는 말이다. 하나님은 정말 위대하다. 하나님이 이런 약한 인생을 통해 모압 왕 에글론을 죽이고 그를 이스라엘의 사사로 사용했다는 것이다.

사실 청년 리더 중엔 약한 사람이 너무 많다. 우리 공동체 리더들은 특히 물질적으로 너무 약하다. 학생이 많다 보니 사역에 사용되는 물질을 감당할 힘이 별로 없다. 우리 교회에는 지역에서 아름답기로 소문난 카페가 있는데 이곳에서 내 이름으로 올라오는 한 달 외상값만 작게는 20만 원, 많게는 40만 원까지 나온다. 우리 리더들이 내 이름을 달고 외상으로 심방하는 액수다. 나는 말씀을 믿는다. 하나님은 미련한 자들을 택해서 지혜 있는 자를 부끄럽게 하신다. 또 약한 자를 들어 강한 자를 부끄럽게 하시고, 세상의 천한 것들과 멸시 받는 것들과 없는 것들을 택해서 있는 것들을 폐하게 하신다. 이게 하나님의 법칙이다. 하나님은 이 법칙을 우리 공동체에 사용하셨다.

내가 정말 아끼는 팀장 한 명은 매번 우리 사역자들에게 카드를 빌려 간다. 그 자매가 "전도사님, 목사님." 이렇게 부르면, 우리는 으레 지갑 속에서 카드를 꺼내며 "제발 아껴 써."라고 아무렇지도 않게 말한다. 또 한 형제는 머리가 너무 덥수룩해서 이발을 하라고 했더니 "목사님, 이발 하려고 했는데 그 돈으로 심방했어요."라고 한다. 한 자매는 늦은 저녁까지 학교에서 점심을 안 먹었다고 하기에 "어디 아프냐?"고 물었더니, "아니요. 좀 있다 심방 있어서 우리 아이들 커피 사주려고요."라고 말한다. 대단하지 않은가? 눈물 나지 않는가? 이게 우리 공동체의 힘이다.

우리 공동체의 부흥은 약한 자들이 이룬 기적이다. 그래서 가치 있는 것이다. 하나님을 경험한 사람은 부자든 가난하든 부흥의 사람이 될 수 있다. 부흥은 돈이 있다고 이루어지지 않는다. 부흥은 열등감 없는 사람이 맛보는 것도 아니다. 부흥은 약한 자들, 아픈 자들이 모여 사모하고 기대하고 기도할 때 이루어진다. 아무리 약해도 한번 부흥을 경험한 사람은 반드시 부흥의 사람으로 쓰임 받는다. 공동체의 리더들에게 부흥을 경험하게 하라. 그들이 바로 공동체의 부흥을 이끄는 주역이다.

청년 간증 08

부흥을 경험한 사람이 되다

제가 중학교에 다닐 무렵, 우리 가족은 아버지의 사업 부도와 함께 거액의 빚더미를 떠안아 모두 흩어져 살았습니다. 저는 대학 진학 실패로 3수를 했고 결국 기숙학원에서 2년의 시간을 보내다 극심한 우울증에 시달렸습니다. 모든 것이 원망의 대상이었고, 자존감도 바닥으로 떨어졌습니다.

그러던 어느 날, 저희는 한성교회 앞 아파트로 이사를 왔고 9년 만에 가족이 다시 함께 살게 됐습니다. 무뚝뚝하셨던 아버지는 우여곡절 끝에 하나님을 만나셨고, 누구보다 사랑이 넘치는 분으로 변화하셨습니다. 그렇게 한성교회를 등록하고 출석하기 시작했지만, 제 삶에는 그다지 큰 변화가 없었습니다. 여전히 감정 기복이 심했고 우울증은 고쳐지지 않았습니다. 그러다 우연한 계기로 청년부 여름수련회에 참석했습니다. 그곳에서 처음으로 공허한 내 마음을 있는 그대로 고백하며 사랑의 하나님을 만났습니다. 그리고 우울했던 제 감정들이 치유됨을 느꼈습니다. 지금도 감정 기복이 심해 힘들 때도 있지만, 그럴 때마다 저는 정말 사소한 것까지도 하나님께 주절주절 얘기하고, 예배당에 찾아와 울며 하소연합니다. 그런데 신실하신 하나님께서는 그때마다 예배와 말씀을 통해 저를 위로해주셨고 견딜 수 있는 힘을 주셨습니다.

저는 이제 예전에 했던 어리석은 생각들은 절대 하지 않습니다. 하나님은 여전히 부족하고 자기 감정마저 제어하지 못하는 저 같은 사람도 팀장으로 세워주셨습니다. 하나님은 제가 섬기는 팀원을 통해 예전의 제 모습을 보게 하십니다. "나도 저렇게 힘든 아이였구나."를 느끼며, "나를 위해 기도했던 내 순장, 팀장이 얼마나 힘들었을까?"를 생각하면, 저는 그때마다 내 생명보다 귀한 우리 팀 아이들을 위해 눈물 흘리며 기도하게 됩니다. 하나님은 이렇게 연약한 저를 통해 분팀을 하게 하셨고, 저로 하여금 부흥을 경험하는 팀장이 되게 하셨습니다.

CHAPTER

04

리더를 특공대로 만들라

리더는 무엇보다 수직 관계가 중요하다

미국 보스턴 대학이 450명을 대상으로 7세 아동의 인생을 40년 동안 추적·연구했다. 연구 결과, 인생의 성공에 가장 큰 영향을 미치는 요인은 인간관계의 능력이었다. 또 다른 조사에 따르면 지적 능력이나 재능이 성공에 미치는 영향은 15%에 불과하지만 인간관계는 85%나 차지했다. 이 같은 연구 결과는 우리 삶에 있어 인간관계가 얼마나 중요한지를 보여주는 지표와 같다.

사실 인간관계가 우리 삶에 미치는 영향을 말로 다 할 수 있을까? 사람과의 관계가, 한 사람의 인생에 미치는 영향이 이렇게 중요하다면 우리에게 있어 하나님과의 관계는 얼마나 중요할까? 나는 청년 리더들이 사역을 하기 이전에 하나님과의 관계를 바로 정립해야 한다고 생각한다. 리더들은 일을 하고 사역을 하는데 급급해서 정작 중요한 하나님과의 관계를 점검하지 못할 수 있다. 리더는 일당백의 사람이기에 하나님과의 관계가 무너지면 그 파급 효과는 이루 말할 수 없이 크다.

그래서 청년 리더모임은 정보전달의 의미가 아닌, 은혜전달의 의미로 생각해야 한다. 특히 우리 공동체의 리더는 예배 시간에도 전투적으로 사역을 한다. 그들은 예배 시간에도 자신이 돌보는 영혼들을 직접 데리러 가기도 하고, 꾸준히 전화기를 들고 영혼들을 깨운다. 영혼들의 예배를 돕기 위해 끊임없이 노력하기에 정작 본인의 예배는 무너질 가능성이 있다. 사역에 치여서 하나님과의 관계가 무너지면 결국 심각한 영적침체와 더불어 하나님의 귀한 사역이 일로 여겨진다. 반면에 하나님과의 관계가 건강한 리더라면 인생의 시련과 풍랑 앞에서도 그 중심을 잃지 않고 바른 길을 걸어가며 한 영혼을 돌보는 것에도 절대 지치지 않는다.

누군가 나에게 리더모임을 어느 정도로 준비하느냐고 묻는다면 나는 1200명이 예배하는 청년 예배와 동일하다고 말한다. 그 정도로 나의 사역에 많은 비중을 차지하는 것이 리더모임이다. 리더들이 살아야 공동체가 산다. 리더들이 뜨거워야 공동체가 뜨겁다. 리더들이 기도해야 공동체가 기도한다. 그렇기에 우리는 리더들이 하나님과의 건강한 관계를 유지할 수 있도록 리더모임을 준비한다.

한 리더가 자기 MP3 안에 1년 동안 날짜별로 정리된 음성 파일을 내게 들려준다.

"이게 뭐니?"

"목사님, 리더모임 하신 거요."

"이걸 다 녹음했던 거야?"

"목사님, 1년 동안 이것 때문에 살았어요. 아빠 하늘나라 보내고 매주 리더모임을 통해서 위로받고, 치유되고, 도전받아 여기까지 왔어요."

실제로 많은 청년 리더들이 리더모임을 통해서 하나님과의 만남을 경험한다. 모임을 통해 회개가 터지고, 치유와 회복이 임한다. 우리 공동체는 매주 리더모임에 이런 은혜가 임하지 않으면 사역이 힘들어지고 저항이 온다. 리더들의 상태가 일반 공동체와 비교해서 많이 다르기 때문이다. 우리 공동체 리더들은 신앙생활을 시작한 지 1년도 채 되지 않은 리더들이 3분의 1 이상이다. 그러니 얼마나 많은 리더가 매주마다 흔들리고 있겠는가?

그래서 우리는 리더모임을 통해 그들이 하나님과 건강한 관계를 유지할 수 있는 영적 통로를 확보할 수 있게 도와야 하는 것이다. 그러니 우리 공동체의 리더모임은 웬만한 부흥집회보다 뜨겁다는 말이 정확하다. 매주 실족하고, 포기하려는 리더들에게 다시 한 번 하나님과의 만남을 경험하게 하려면 어쩔 도리가 없다. 정말 강력하게 말씀을 나누고, 뜨겁게 기도해야 한다.

성경 공부는 공동체 스피릿을 공유하는 시간이다

다른 공동체의 리더모임에서는 성경 공부를 가르친다. 이건 정말 안타까운 일이다. 다시 한 번 말하지만 정보전달을 위해 리더모임을 하지 말라. 공동체의 지도자가 어떠한 사역 스피릿을 가지고 있는지 모임을 통해 공유하고 동의를 얻어야 한다. 특별히 정말 중요한 스피릿은 매주 반복 학습이 중요하다.

우리 공동체의 리더모임은 주일 저녁 7시부터 월요일 새벽 1시까지 이어진다. 7시부터 9시까지는 전체 리더모임 시간이다. 나는 특별히 이 시간에 다음 주일 공동체가 함께 나눌 성경 공부를 하고 기도회를 한다. 그러나 이 시간은 내게 단순한 성경 공부가 아닌 나의 사역 스피릿을 공유할 수 있는 유일한 시간이다. 그래서 나는 이 시간에 어떤 본문의 성경이든 상관없이 공동체의 사역 원리와 원칙 등 중요한 스피릿을 공유한다.

나는 매주 리더들에게 반복해서 이야기하는 세 가지 스피릿이 있다.

첫째, 리더는 영적 부모다

몇 년 전, 신문을 보다가 충격적인 이야기를 읽은 적이 있다. 강릉의 한 어머니가 인터넷 채팅에 미쳐서 젖먹이 아이를 집에 두고 PC방에 갔다가 3일이 지난 후에 집에 들어왔다. 그런데 아이는 벌써 굶어 죽은 상태였단다. 이 기사를 보는 내내 내가 이런 부모 같다는 생각이 머리를 떠나지 않았다. 나는 그 주에 우리 리더들에게 이 이야기를 해줬다. 영적 부모로서의 역할을 잘 하고 있다고 생각하는가? 혹시 내게 맡겨주신 영혼들을 굶겨 죽이고, 죽어가는 아이를 둔 채 자기가 하고 싶은 일에 미쳐 살진 않았는지 생각해보라고 했다. 많은 리더가 울며 자신이 이런 어미 같은 리더였음을 고백하며 회개했다. 우리 공동체의 중요한 스피릿은 리더가 영적인 부모라는 사실이다. 그래서 성경 공부 시간에 어떤 본문이 주어지더라도 이 부분을 반드시 반복한다.

둘째, 리더는 영적 제사장이다

제사장은 하나님과 백성 사이에 다리를 놓는 사람들이다. 리더는 자신이 돌보는 영혼과 하나님 사이에 다리를 놓는 영적 제사장이다. 그래서 리더는 자기 순의 영혼들을 위해 기도해야 한다. 아무리 리더라고 해도 청년들의 기도생활은 안 봐도 뻔하다.

새벽을 깨우지 못하면 대부분 삶 속에서 전혀 기도하지 못한 채 살아간다. 결국 기도하지 않는 리더는 영적 제사장으로의 삶을 살지 못하는 것이다. 나는 매주 그들에게 기도가 얼마나 중요한지를 반복해서 가르친다. 기도하지 않고는 우리는 누구도 돌볼 수 없다. 기도하지 않고는 하나님의 마음을 가질 수도 없다. 기도하지 않고는 부흥과 성장을 기대할 수도 없다.

셋째, 리더는 삶에서도 리더여야 한다

리더는 삶과 교회를 분리할 수 없다. 리더에게 삶과 교회는 하나다.

'삶 따로 교회 따로'라는 생각은 버려야 한다. 그럼에도 많은 청년 리더가 잘못된 삶을 살아가고 있다. 교회 리더는 세상에서도 교회 리더로서 살아야 한다.

나는 청년 리더로서 가져야 할 세 가지 스피릿을 반복해서 가르쳤다. 그 결과 많은 리더가 자신을 영적 부모, 영적 제사장으로서 삶의 현장에서도 스스로 리더임을 인지하는 일들이 나타났다. 5년 동안 그들과 성경 공부를 했다면 절대 불가능한 일들이었다. 그래서 나는 성경 공부가 아닌 스피릿의 공유를 중요하게 생각한다.

리더모임은 전쟁터다

나는 주일 저녁 7시가 되면 우리 전도사님들에게 이렇게 말한다.

"자, 이제 진짜 전쟁터로 가자."

이 말은 "리더모임 시작이다."라는 뜻이다. 내게 있어 리더모임은 그 어떤 전쟁터보다 긴장감이 넘치는 곳이다. 전쟁터는 살리고 죽이는 곳이기에 나는 리더모임을 전쟁터에 비유한다. 리더모임에 성공하면 사람을 살리고, 실패하면 사람을 죽인다. 사탄은 끊임없이 공동체의 리더를 공격한다. 리더가 넘어지면 공동체 전체를 흔들 수 있기 때문이다. 그래서 리더모임은 보이지 않는 전쟁이 극심하다. 움직이려 하지 않는 자와 움직이게 하려는 자와의 싸움이다.

사탄은 끊임없이 리더들을 움직이지 못하도록 그들을 속이고 있다. 리더모임은 이런 사탄의 계략을 꿰뚫어 보고 거기에 대처할 수 있는 모임이어야 한다.

사탄은 편안한 걸 좋게 만든다

사탄은 리더들의 마음속에 힘든 것, 도전하는 것, 움직이게 하는 것을 거부하고 편안함을 좋아가게 만든다. 인간은 원래 현재 상태에 그냥 머물러 있기를 원하는 존재다. 사탄은 이 부분을 교묘하게 건드린다. 요나는 니느웨가 회개하고 하나님께 돌아왔을 때 박넝쿨 하나가 주는 편안함에 안주하려 했다. 이게 사탄의 전략이다. 그래서 그들은 새로운 도전에 움직이려 하지 않는다. 어떻게 해서든 빠져나오려고 애쓴다. 우리는 리더모임을 통해 이런 생각을 넣어 주는 영적 세력들과 전쟁을 해야 한다.

사탄은 상황과 환경에 집중하게 한다

사탄은 리더들의 마음속에 있는 문제를 보게 한다. 어려운 상황과 환경에 집중하게 만드는 것이다. 청년리더들이 나를 만나서 가장 많이 하는 말이 뭘까? "리더를 내려놓고 싶다."는 것이다. 이유를 물어보면 하나같이 똑같은 대답을 한다. 지금 자신이 처한 상황과 자기 가정형편과 어려운 문제를 보면 리더로 섬길 수 없는 환경이라는 것이다. 하지만 베드로가 물 위를 걸을 때도 마찬가지였다. 그가 예수님을 보고 걸을 때는 아무 일도 없었지만, 그가 문제를 보고 상황을 봤을 때 물속에 빠지고 말았다. 리더모임은 이런 생각을 가지고 그 자리에 앉은 리더들과의 한판 승부가 펼쳐지는 장소이다. 그래서 우리는 영적으로 정확한 분별력을 가지지 않으면 패배할 수밖에 없는 것이다.

이런 전쟁터 속에서 살아남기 위해서는 아주 민감한 영적인 촉이 발달해야 한다. 이건 기도로 자라는 촉이다. 리더모임이라는 전쟁터에서 승리하길 원한다면 먼저 이런 보이지 않는 치열한 전쟁을 느끼고 보아야 한다. 이 전쟁에서 승리한다면 반드시 살리는 공동체로 쓰임 받게 될 것이다.

현장 특공대를 만들어라

아무리 탁월한 리더로 훈련되고 양육된다 해도 현장이 없는 리더는 결국 어떤 능력도 발휘할 수 없다. 아무리 잘 훈련된 군사라고 해도 정작 현장에서 전쟁을 할 수 없는 군사는 쓸모없기 때문이다. 그래서 공동체는 리더들에게 현장을 요구한다. 직접 돌보는 영혼들을 만나고, 주중 새벽에 기도를 요구하고, 지하철역과 캠퍼스에서의 전도를 요구하고, 주중 팀별 모임을 요구한다.

우리 공동체의 리더모임은 철저히 현장 중심이다. 이 모임은 단순히 영적인 힘을 제공하는 것에서 끝나지 않는다. 그곳에서 공급받은 영적인 힘을 현장에 쏟아낼 수 있는 구체적인 계획을 세우는 것이다.

이때 가장 먼저는 한 주 동안 만날 심방 계획을 세우고, 그다음에는 기도 계획을 세우라. 마지막으로 전도 계획을 세운 뒤에 주중 팀 모임을 계획하라.

첫째, 한 주 동안 만날 심방 계획을 세우라.

둘째, 기도 계획을 세우라.

셋째, 전도 계획을 세우라.

넷째, 주중 팀 모임을 계획하라.

우리 공동체는 130명가량을 심방한다. 교역자뿐만 아니라 리더들이 심방하는 것을 합하면 훨씬 많은 숫자가 될 것이다. 심방은 단순히 교역자들의 전유물이 아니라, 청년 리더들이 직접 자신의 양떼를 관리하는 목양자가 되도록 가르치는 것이다. 몇몇 리더들은 그 어떤 전문 사역자보다 심방 능력들이 탁월하다. 사람의 마음을 여는 방법, 그들에게 말을 이끌어내는 기술, 또한 말씀으로 해결하는 마무리까지 아주 뛰어나다. 청년 리더들이 현장 속의 특공대가 되기 위해서는 그들을 현장으로 내몰아야 한다는 것을 명심하라. 책상 앞에서는 절대 특공대가 만들어지지 않는다. 리더들은 끊임없이 할 수 없음을 말할 것이다. 하지만 혼자가 어렵다면 함께 시작하고, 직접 심방의 방법들을 배우게 하는 것이 필요하다.

현장이 있는 리더들은 강하다. 현장이 없는 리더들은 연약하다. 작은 바람에도 넘어지고 쓰러진다. 하지만 현장에서 굴러본 리더는 강력한 에너지를 가지고 사역한다. 전도도 마찬가지다. 현장에서 거절당해본 사람은 전도를 두려워하지 않는다. 하지만 책상에서 생각만 한 리더는 두려움에 한 발도 움직이지 못하는 연약함을 가지고 있다. 청년리더들을 온실 속의 화초로 키우지 말라. 그들을 현장으로 내몰아 아주 강력한 특공대로 만들어라. 하나님은 그들을 통해 사람을 살릴 것이다.

한성교회 청년 리더들의 라이프 패턴

주일 타임테이블

시간	방○○ 전도사	이○○ 팀장
07:20	출근	
08:00	1부 예배	1부 예배
09:30	아침 식사	아침 식사
10:00	2부 예배 그물치기 사역	2부 그물치기 사역
11:30	군 팀장 오전 모임	팀장 모임
12:00	3부 예배 그물치기 사역	3부 예배 그물치기
13:00	전화심방 사역 시작	모닝콜 사역
14:30	카풀 사역 시작	새 가족 심방 사역
15:30	청년 예배	청년 예배
17:00		소그룹
18:30	저녁 식사	저녁 식사
19:20	리더모임	리더모임
23:00	팀장모임	팀장모임
24:00~01:00	교역자모임	

※ 그물치기라는 말은 우리 공동체에서 쓰는 사역 단어로, 장년 1~4부 예배에 오지만 등록하지 않은 청년들을 찾는 사역을 뜻한다.

주중 사역은 사역자들과 청년 리더들의 패턴이 달라진다. 사역자들은 평일 오전과 오후에 직장심방과 캠퍼스심방 등 한 주에 1인 20~30회를 실시한다. 또한 결석자 전화심방, 팀별심방으로 사역하게 된다. 그리고 청년 리더들은 각자 직장에서, 학교에서 살아간다. 그리고 지하철 저녁 전도를 시작으로 역 주변에서 심방과 전도를 병행한다. 전도 후에는 교회로 들어와 팀 전체 전화심방 및 전도를 통해 만났던 사람들에게 연락을 하게 된다. 리더들은 대부분 직장과 학교 그리고 교회와 가정 이렇게 단순한 삶을 살 수밖에 없다.

PART **03**

공동체를
업그레이드 하라

우리가 알거니와 하나님을 사랑하는 자들

곧 그분의 목적에 따라 부르심을 받은 자들에게는

모든 것이 협력하여 선을 이루느니라

(로마서 8장 28절)

CHAPTER

01

공동체에도
조직이 필요하다

이드로의 법칙

복잡한 세상에서 수많은 이와 엉켜 살다 보면, 문득 혼자 일하고 싶다는 생각이 든다. 하지만 현대 사회에서 혼자 일하고, 혼자 결정할 수 있는 사람은 아무도 없다. 우리 모두는 출생과 함께 가정이란 울타리를 만나고, 학교, 직장 등 다양한 조직에서 생활한다. 이렇듯 우리는 조직 안에서 인생의 3분의 1을 보내고 있다.

청년 공동체에 없어서는 안 될 것 중에 하나가 바로 조직이다. 많은 청년 사역자들이 교회 안에 무슨 조직이냐고 반문할지 모른다. 하지만 교회 공동체의 조직은 성경에서 그 시작을 찾을 수 있다. 출애굽기 18장에서 애굽을 나온 모세를 장인 이드로가 찾아간다. 그때 이드로는 모세가 200만 이스라엘 백성들의 모든 문제에 관여하고 있음을 알고 모세에게 지혜로운 아이디어 하나를 준다.

너는 또 온 백성 가운데서 능력 있는 사람들 곧 하나님을 두려워하며 진실하며 불의한 이익을 미워하는 자를 살펴서 백성 위에 세워 천부장과 백부장과 오십부장과 십부장을 삼아 그들이 때를 따라 백성을 재판하게 하라 큰일은 모두 네게 가져갈 것이요 작은 일은 모두 그들이 스스로 재판할 것이니 그리하면 그들이 너와 함께 담당할 것인즉 일이 네게 쉬우리라(출애굽기 18장 21~21절)

성경에 나타나는 최초의 조직 모습이다. 이드로는 모세에게 천부장, 백부장, 오십부장, 십부장으로 조직을 만들어서 백성들을 다스릴 것을 권면했다. 이드로는 백성을 조직하여 일을 나누게 한다. 이처럼 일을 조직적으로 하지 않아서 백성과 모세가 모두 지치게 되는 모세의 방식은 선하지 못하다는 것이다.

하나님의 백성들은 모두 세상을 다스릴 능력을 받은, 하나님의 형상대로 지음 받은 사람들이다. 그들에게 일을 나누어 주어 하나님의 일을 하게 하되, 모든 백성이 지치지 않도록 일을 효율적으로 나누는 것이 조직의 법칙, '이드로의 법칙'이라고 한다. 이렇게 공동체를 조직하면 평신도가 공동체를 섬기게 된다. 결국 조직은 사람을 사랑하는 방법이 통로가 되는 것이다. 일을 나누어 주기 전에 모세는 백성들에게 하나님의 말씀을 가르침으로 그들이 스스로 돌볼 줄 아는 사람으로 만든다. 이드로의 법칙은 노예였던 백성을 주인인 백성으로 만들어 가는 방법이다.

우리 공동체 조직의 모습은 바로 이드로의 법칙을 모태로 한다. 십부장, 오십부장, 백부장, 천부장 같이 순장, 팀장, 군장으로 조직되었다. 이렇게 조직한 공동체는 청년들 스스로가 순원들을 돌보게 하며, 청년들의 영적 상태부터 개인의 대소사까지 리더가 잘 파악하게 되고, 순원들에게 실질적인 도움도 줄 수 있다. 그 결과 청년팀과 조직 전체가 든든히 서게 되었다.

사역 중심형 공동체를 만들어라

친교 중심형 조직에서 '교제한다'는 것은 단순히 논다는 뜻이지만, 사역 중심형 조직에서 '교제한다'는 것은 사역의 연장선에서 친교를 바라보게 된다는 것이다.

이를테면 이런 것이다. 동기별로 모여 교제를 하면 노래방에 가서 노래 한 곡을 하는 것은 청년들의 문화에서 아무런 문제가 되지 않는다. 하지만 사역 중심형 조직에서는 절대 있을 수 없는 일이 된다. 목적에 맞지 않기 때문이다.

나는 같은 나이의 기수가 모이는 모임을 그다지 좋아하지 않는다. 교제에도 룰이 있고, 전략이 있어야 한다. 동기별 모임이 도움이 되는 부분도 있지만 많은 부분에서 공동체의 힘을 분산시키는 조직이 된다. 그들은 먹고 놀고 즐기는 부분에 많은 시간을 할애한다. 동기별 모임에는 그 모임을 건전하고 사역적인 방향으로 이끌어 갈 만한 리더가 없기 때문이다. 리더가 있다 하더라도 같은 나이의 모임이기에 리더십의 한계에 부딪히게 된다. 그래서 우리 공동체는 동기별 모임보다 소그룹 모임이나 팀별모임, 군별모임 같은 사역 중심의 모임을 더 귀하게 여긴다. 소그룹 모임과 교제는 사역적인 부분에 많은 시너지 효과를 가져다주며, 새 가족 정착뿐만 아니라, 기신자들에게도 도전을 주는 모임이다. 훈련받은 리더가 모임을 그런 의도로 이끌어 가기 때문이다. 공동체 안에 이런 조직이 바르게 세워지면 공동체 전체가 생명을 살리는 일에 집중하게 되고, 영혼을 섬기는 일에 쓰임 받게 되는 것이다. 그래서 우리 공동체는 조직을 나이별로 나누지 않고 사역 중심 조직으로 나누었다.

부대찌개형 조직은 Win-Win이 가능하다

청년 공동체는 대부분 1청년, 2청년 같이 나이별로 분리했다. 하지만 'New Acts 공동체'는 20대에서 결혼 전까지 모든 청년이 섞여 있는 부대찌개형 조직이다.

20대 중후반에서 30대의 직장인과 20대 초반의 대학생들의 모임은 실제로 어려울 수밖에 없다. 이유는 그들의 관심사가 다르기 때문이다. 이성 교제만 보더라도 한 부류는 결혼, 다른 부류는 단순한 연애로 확연한 차이를 보이고 있다. 생활 수준도 그렇다. 한 부류는 돈을 벌고, 다른 부류는 용돈을 받아쓰기에 서로의 생각이 크게 차이가 날 수밖에 없는 것이다.

그러나 부대찌개형 조직은 이런 차이마저도 서로를 보완하는 관계로 만들 수 있게 한다. 돈이 있는 지체들은 공동체와 사역을 위해 자신의 물질을 드릴 수 있고, 시간과 체력이 있는 지체들은 공동체를 위해 직접 뛰게 된다. 또한 공동체 내에서 좋은 멘토를 찾을 수도 있다. 대학생들은 대부분 자신의 문제를 친구들에게 상담한다고 한다. 하지만 소그룹 내에서 좋은 선배를 통해 인생의 문제를 상담하고, 자신의 부족한 부분을 공동체의 선배들을 통해 채울 수 있다는 것이다.

우리 공동체를 예로 들어 보면 전도행사를 할 때 많은 직장인이 자신의 물질을 헌금하고, 대학생들이 직접 전도하는 일이 일어나고 있다. 또한 직장인들이 캠퍼스를 품고 기도하고, 대학생들은 직장을 품고 기도하는 귀한 일들이 일어나고 있는 것이다.

공동체에서 전도 축제를 할 때 많은 대학생 청년들이 전도를 위해 시간을 헌신했지만, 물질이 없었다. 그런데 후배들의 밤낮 가리지 않는 전도에 감동을 받은 한 형제가 자동차를 사기 위해 모아둔 300만 원을 기꺼이 헌금했다. 후배들은 그 물질을 가지고 전도용품을 샀고, 열심히 전도했다.

21세가 된 한 형제는 고등학교를 중퇴하고 세상 속에서 막나가는 인생을 살았다. 이 형제가 공동체를 통해 하나님을 만나고 다시 공부를 하고 싶다는 소망을 품게 되었다. 그런데 도움을 줄 수 있는 사람이 없었다. 그를 도와준 것은 그의 부모도 형제들도 아닌 같은 소그룹의 선배였다. 선배는 후배에게 학비를 주었고 그가 잘 적응하도록 끊임없이 상담하고 심방했다. 그리고 그 형제는 포기하지 않고 지금도 열심히 공부하고 있다.

'New Acts 공동체'는 학기별로 장학 헌금을 한다. 2013년 전반기에 직장을 다니는 선배들 몇 명이 후배들을 위한 장학금으로 600만 원을 모아왔다. 한 형제는 배달업을 하는 사람인데, 후배들을 위해 200만 원을 헌금했다. 자기도 힘들게 번 물질을 동생들을 위해 기꺼이 헌신했던 것이다. 이게 부대찌개 조직의 장점이다. 선배들은 후배를 사랑하고, 후배들은 선배를 존경한다. 그리고 선배들은 자신의 물질을 어디에 써야 하는지 알게 되고, 후배들은 자신의 시간을 어디에 헌신해야 하는지 아는 공동체가 되는 것이다.

교회 공동체가 아무리 은혜로 굴러간다고 하더라도, 조직은 반드시 필요하다. 생명을 살리기 위한 공동체로 조직을 발전시킬 수 있다면 어떤 어려움이 와도 공동체는 절대 흔들리지 않는 든든한 모습을 가지게 될 것이다.

C H A P T E R

02

살리는 콘텐츠를
개발하라

살리는 전도 축제를 준비하라

교회는 세상의 악한 영들과 전투하는 치열한 현장이다. 성장하는 공동체는 이런 악한 세력들의 공격에 수비적으로 반응하는 공동체가 아니라, 생명을 살리는 사역으로 앞장서는 공동체이다. 생명을 살리는 사역 중에 가장 중요하고 효과적인 것이 바로 전도 축제 사역이다. 한성 'New Acts 공동체'의 전도 축제는 1년 중 5월과 10월에 있는 "행복한 사람들의 축제"가 핵심이다. "행복한 사람들의 축제"는 대각성 전도 축제와 같이 태신자를 작정하고 그들을 위해 기도하며 초청하는 전도 축제다. 보통 전반기에는 1000명에서 1500명, 후반기에는 600명에서 800명 정도의 방문자들이 축제를 통해 찾아온다.

한성교회 'New Acts 청년 공동체' 전도 축제의 가장 큰 특징은 일단 새 가족이 온다는 것이다. 많은 교회가 전도 축제를 하고 있지만 실상 뚜껑을 열어보면 새 가족이 방문하지 않는다. 공동체에 청년들이 작정한 태신자에 대한 관리에 구멍이 생기기 때문이다. 청년회는 전체 출석의 80% 이상이 태신자를 작정하도록 끊임없이 권유한다. 태신자 작정 주일을 정하고, 청년 한 명당 10명의 태신자를 적어서 제출하게 한다. 공동체에서는 이렇게 태신자를 작정한 청년들과 그 태신자들을 축제 전까지 꼼꼼히 관리한다.

전도 축제 3주 전부터 실제 전도 주일에 참석할 예상 참석자 명단을 받는다. 단순한 숫자가 아닌 참석 가능한 명단을 받아 더 확실하게 체크를 해야 한다. 3주간에 걸쳐 실제 예상 참석 인원을 반복해 조사하고, 작정은 했지만 실제 전도에 참여하지 못하는 성도들에게 다시 연락을 해서 새 가족을 모셔오도록 끊임없이 권유해야 한다. 그리고 설교자는 전략적으로 매 예배마다 전도 설교를 함으로써 청년들이 전도에 부담을 가지게 하고, 공동체 안에 있는 모든 청년이 전도 축제에 참여하도록 돕는다.

또한 공동체에서는 청년들이 자신이 품은 태신자들과 접촉할 수 있는 실제 전도 매뉴얼을 만들어 나누어주며, 태신자들과 관계를 맺고 그들을 초청하도록 길을 제시해준다(이에 대한 구체적인 자료는 다음 페이지에 첨부한 '태신자 관계맺기 행복 매뉴얼'을 보면 된다).

단순히 행사를 준비하고, 전도행사를 실시한다는 것에 끝나지 않고,

태신자 관계맺기 행복 매뉴얼

좀 더 철저한 관리가 시스템화 되어야 할 필요가 있다. 청년들이 알아서 새 가족을 데려오길 기다리는 소극적 태도가 아니라, 좀 더 능동적으로 그들이 작정한 새 가족을 반드시 데려오게끔 도와주는 것이 공동체가 해야 할 일이다. 이것이 전도 축제의 핵심이다.

또한 전도 축제 때는 서울 전역에 있는 거의 모든 대학 캠퍼스를 다니며 노방 전도를 실시한다. 그렇게 축제 하나당 설문지 10,000장 이상을 받았으며, 이것 역시 같은 방식으로 전화심방을 통해 접촉을 시도한다.

한성교회 5부예배 NEW ACTS 청년부 5월 행숙 Que-sheet

※ 주보가 없는 대신 모든 안내사항은 자막으로 알림
　전체 셋팅 확인
※ 본당 체우는 순서: 본당먼저(4층문쪽금⇨상가디어⇨4층/점보이더/예기함)
　무대앞 FD(진행) 본당앞: 이찬민
　예배 전체 진행: 좌수연, 수근 예배팀장: 정미경
　멘트시: 권경민/자막: 조용신
※ 노트북 2개 확보: 영상, 윤가 엉이
※ 무대셋업(남자자예배)인종 선발): 드러스 2명씩 2조=4명/담당: 조영담장
　음향: 여디영 심찬님
※ 본당대기실 청소 장소 마련/자모실/자모실사용 가능한지 확인
※ 예배위원 명참, 현장앞안내(2에)/(2시30분 모임)
※ 차량안내진 넘녀 1명씩(1시 30분까지 모임 ⇨정문부로/자원당당사님 김종맙 집사님
　(개봉) 010-****-****, 오재모장사님(신도림) 010-****-****)
※ 5부 예배 끝나구 1층 안내석 자리 확보 해예함 (7층 풍선 나림), 2시 30분 모임

본당예장기준: 왼쪽 방군, 오른쪽 수근, 건경 지미끔죤
지미끔 앉자리는 바닥놓음 (스템 앉는 자리 확보) - 향상 무선마이크 대기(찬민)
임원 체크 사항 (이전: 최수연)
묵사탐 티 마이크: 4부 설교시 방송실에서 설치
멘토선교단/ 가수 노릴 대기심 표크(A4 크기)
도착 시간(피아+대기)을 동선 파악 + 이전 임원이 주도적으로 진행함
　::멘트 선교단 도착예정(010-****-****) 담상/대기실 필요
　::멘트 선교단 간식(010-****-****)-26명: 오후 2시30분 도착예정
　(본당 옆쪽 길어임음/물 30개/본당 가운디 D버스 설치, 채널 2개/간인
　미리 설치(정재호 담당)
가수 노를 도착예정: 오후 4시/7층 대기/가사직제준비
　-층별 준비사항
　예배전 청너들
1층 - 행숙 도우미 자리 마련(긴테이블 4개), 담벌 삼각표시대/물
본당(2층) - 물빨빈즌레, 예배위원 자리배치(한드 직장사)

순번	순서		시간	분	담당자	내용	준비사항	체크사항	조명	음향	준비사항
	준비 동영상		305-329	24	김미미 조용신	개고 콘서트	· 화면: 네가지 (영상X2개 및 광고 24편) · 자막: 지금은 예배를 준비하는 시간입니다.	메인화면	off	영상출력	
예배전	가운트 다운		329-330	1	정재호	메인화면/ 가운트다운	· 중소리로 예배 알림 시각 · 영상 재생후 20초전 예배 준비 하면 · 행숙 메인화면	메인화면	off	영상출력	
	축복송		330-335	5	브레슬리	축복송	· 3:30 행숙메인(화면+축하 찬양 · 찬양팀 입장 · 축복 끝나 후, 조명 어둡게 한다.	메인화면	무대주명	MIC	
예배	멘토 선교단		335-405	30	이찬민	B-boying	· B-boy와 피포먼스 (5분+25분)/대기심·자모실 영상재생 컨트롤 하는 사람 있음 · 옷강이없는 장소: 본당 대기심	메인화면	무대주명	MR	대기심(본당앞) 물 30개 모니터 정리

순서	순서	시간	분	담당자	내용	준비사항	체크사항	조명	음향	준비사항
예배전	간증	4:05-4:15	10	김은우	간증	· 모든 앵글샷은 오른쪽으로 합니다. (자리에 서면 피고본으로 바꾸기) (보면대 서면 준비 : 이간마 / 마이크 준비 : 이간마) · 간증 끝나면 반주 와다 : 감두영(행숙에/메인화면 전환)	보면대 마이크	무대조명	무선 마이크	간증자 사전확인 (오른쪽 준비)
	헌금·시간 영상	4:15-4:20	5	권정원	청년부 소개영상	· 청년부 소개 영상 나가면서 "지금은 헌금 시간입니다." 자막 나감	메인화면	off	영상출력	
	말씀 영상				말씀영상	· 목사님 말씀 동영상 (따리리 리리~)	메인화면	off⇨전체조명	영상출력 목사님MC	
	목사님 설교 & Calling	4:20-5:00	40	권기용 목사님	성경봉독 및 말씀	· 설교 보면대 준비 : 이간민 · 목사님 올때 모니터 스피커 앞 최수연 Calling : 조명 어둡게(Calling 중 계속 반주가 들어가) 두 번째 콜링 후 등록가든 최수(예배원 자리에서) 마지막 콜링 후 박수칠때 조명 on	메인화면	전체조명	반주	핀마이크 결심자탁
	영상·노을 소개	5:00-5:01	1	권기용 목사님	노을소개 및 등장	· 가수 노을을 소개합니다.	메인화면	off⇨무대조명	영상출력 MIC	트러스 무대조명 예배전준비
예배	노을 공연	5:01-5:31	30	LIVE	노을	· 자막:가사 비추기 (전체)-사전확인 [떠나간다 / 살기 위해서 / 주름에 / 인연 / 그리워그리워 / 앵콜 청중] · 조명:노래들때 무대조명, 이야기할때 전체조명	메인화면	무대조명	유선 마이크	
	마무리 인사	5:31-5:32	1	김보미		· 메인화면 · 멘트: 오늘 예배 좋구 싰나요? 우리다음주에 다시 만나요~^^;	메인화면	전체조명	마이크	
	광고	5:32-5:34	2	김지선	틴별모임	· 틴별모임 장소 안내입니다. "달라가며" · 메인화면	메인화면	전체조명		
	예배후 BGM					· 메인화면	메인화면	전체조명	영상출력	

여기서 무엇보다 중요한 것이 전도 축제의 예배다. 축제 예배는 철저하게 새 가족 중심 예배로 드려진다. 거의 모든 청년이 전도에 참여하기에 공동체 청년들이 예배에 참여하는 행사는 절대 하지 않는다.

새 가족들에게 다가가기 쉬운 오픈닝과 찬양, 간증과 설교, 콜링 그리고 초청 연예인까지 총 한 시간 30분 동안 예배가 진행된다. 모든 순서가 지루하지 않게 완벽한 준비를 통해 예배가 이루어진다. 이렇게 전도 축제를 하고 나면 1000명 정도의 방문자가 오고, 그중에 300~400명의 결신자가 나오며 200~250명의 새 가족이 등록한다. 결과적으로 청년 전도 축제의 핵심은 집중의 싸움이라고 할 수 있다.

전도 축제를 준비하는 동안 출석하는 청년들이 전도에 참여하도록 하는 철저한 물밑 전략과 서울 전 지역 캠퍼스 전도와 청년들이 데려온 새 가족들을 위한 예배가 완벽하게 조화를 이룰 때 생명이 살아나는 역사를 볼 수 있을 것이다.

효과적인 청년 전도 콘텐츠를 개발하라

청년 공동체는 그릇에 담아둔 물과 같다. 가만히 있으면 현상 유지가 되는 것 같지만 실상은 증발하여 사라진다. 학교나 직장을 따라, 때로는 군대나 유학으로, 또 결혼 등의 이유로 자연스럽게 증발하는 것이 청년 공동체이다. 그래서 청년부는 반드시 전략적인 전도 콘텐츠를 개발해야 한다. 강제로 공동체에 물을 부어주어야 현상 유지라도 되는 것이다.

그런 이유에서 한성교회 'New Acts 청년부'는 여러 종류의 전도 콘텐츠를 개발하여 이를 전략적으로 실행하고 있다. 교육에 있어서 중요한 것은 발달 단계에 맞는 교육을 하는 것이다. 청년 사역도 마찬가지다. 예비 대학생, 대학생, 직장인 등 각 단계에 맞는 전도 콘텐츠를 개발하는 것이 중요하다. 한성교회 New Acts 청년 공동체에서는 많은 시행착오를 거치며 몇 가지 전도 콘텐츠를 개발했다.

수능생 전도 축제

매년 11월이 되면 예비 대학생인 고3 학생들이 수능을 치른다. 사실 이 아이들은 전도의 사각지대라고 해야 한다. 고등부에서도 손쓰지 않고, 그렇다고 청년부에서 손쓰지 않는 일종의 생명 사역의 블루오션 같은 상태다.

이 수능생 전도는 시기가 가장 중요하다. 고3 학생들은 수능을 치는 당일에 너무 민감한 상태라서 예의상 당일은 전도하지 않는 것을 원칙으로 한다. 그러나 수능 다음 날인 금요일, 다음 주 월요일, 화요일까지는 대부분 학교에 등교하기 때문에 고등학교 앞에서 전도하기가 가장 쉬운 대상자들이다. 전도를 준비할 때는 반드시 학교에 전화를 해서 등하교 시간을 정확하게 파악하고 전도하는 것이 중요하다. 그리고 한 주 후에 공동체에서 수능생을 위한 축제로 그들을 초청한다면 좋은 성과를 볼 수 있을 것이다.

우리 공동체에서 이 사역을 시작했던 이유는 우리 교회 고등부에서 올라오는 막내들이 너무 약하다 보니까 공동체 전체에 생동감이 떨어진다는 피드백 때문이었다. "어떻게 하면 공동체의 막내를 고등부에만 의존하지 않고 더 활성화할 수 있을까?"를 고민하다가 만든 전도가 수능생 축제였다. 'New Acts 공동체'에서는 벌써 4년째 수능생을 위한 축제를 실시하고 있다. 지역에 가까이 있는 4~5개의 고등학교를 공략해서 매년 100명의 고3들이 참여하고 그중에 30명의 영혼이 공동체에 남게 된다.

입학 시즌 캠퍼스 전도 집중의 달

입학식은 '전도'라기보다는 '홍보'에 가깝다. 지방에서 올라온 신입생이나 교회를 찾고 있는 대학생들을 만나 홍보하는 것이다. 공동체에서 오랜 시간 전도를 하다 보니까 정말 많은 청년이 지방에서 올라와 다녀야 할 마땅한 교회를 찾지 못하고 2~3년씩 방황하는 경우가 많았다. 대부분 대학을 입학할 즈음에 건강한 공동체를 만나지 못한 것이다. 이 기간에 우리 공동체는 이런 청년들을 찾아다니며 공동체를 소개하는 캠퍼스 전도에 집중하고 있다.

특별히 이 기간은 이단들이 캠퍼스에 집중하는 기간과 맞물리기에 우리는 더 적극적으로 캠퍼스 전도를 실시하고 있다. 입학 시즌 전도에 있어 가장 좋은 방법은 캠퍼스 안에 있는 선교단체들과 협력하는 것이다. 이렇게 새학기 동안 열심히 캠퍼스를 누비며 다닌 결과, 지금은 3월, 4월은 매주 등록하는 새 가족이 평균 27명 이상이다.

불신 연인 초청 전도

5월에 있는 로즈데이(Rose Day)에 믿지 않는 이성 친구를 초청하는 전도 전략이다. 많은 청년이 믿지 않는 이성과의 교제를 진행 중에 있다. 이성 교제를 하고 있는 당사자들에게 단순히 "믿지 않는 사람이니까 헤어져."라고 말하기엔 너무 무책임한 행동이라는 생각이 들었다. 그래서 그들에게 맞는 전도행사를 기획했다. 그게 바로 '불신 연인 초청'이었다. 많은 교회가 믿지 않는 사람과 교제를 금하기만 했지, 지금 교제하고 있는 커플들에 대한 방안을 제시하지 못한 것이 사실이다. 그래서 우리 공동체에서는 그들에게 복음을 제시할 수 있는 길을 열어주었다.

이것은 단순히 커플들을 위한 행사가 아니라, 진지하게 미래를 생각하는 청년들이 자신의 배우자감을 데려와 그들이 믿음의 사람이 되길 원하는 마음을 담아 기도로 준비되었다. 그렇게 성공적인 축제는 아니었지만, 청년들의 참여율을 보았을 때 생각보다 많은 청년이 이런 문제로 고민하고 있음을 알았고, 더 좋은 콘텐츠 개발의 필요성을 느끼게 하는 축제였다.

Cool Festival

7~8월은 공동체적으로 좋은 기회가 될 수도 있고, 후반기 사역의 교두보 역할을 할 수 있는 중요한 시기다. 7~8월을 어떻게 지내느냐에 따라 공동체가 후반기에 계속 성장하느냐, 성장하지 않느냐가 결정된다.

특별히 'New Acts 공동체'는 많은 새 가족의 유입으로 급격하게 성장한 공동체였기에 7~8월에 여름 휴가철이 지나고 나면 9월부터 후반기 사역에 너무 많은 어려움을 느꼈던 것이 사실이다. 그래서 7월에 하계

수련회를 다녀오면 우리 공동체는 모든 에너지를 전도에 집중한다. 우리는 더운 여름날 지하철역에서 두 달 동안 최선을 다해 전도한다. 그리고 9월이 시작되기 직전 Cool Festival을 통해 힘을 집중하고, 후반기 사역을 시작한다. 이 전략은 적중했다.

실제로 많은 공동체가 후반기 사역은 제자리걸음을 하거나 약간의 마이너스 성장을 하지만, 우리 공동체는 후반기에 더 폭발적인 성장을 했다. 그 시작이 바로 'Cool Festival'이었다. 우리 공동체는 벌써 4년째 'Cool Festival'을 실시하고 있다. 매년 150~200명의 방문자들이 오고 40~50명의 영혼이 공동체에 정착한다.

졸업식 전도

졸업식 전도 축제는 우리 공동체만의 독특한 문화다. 졸업식 전도 축제는 마지막 순수를 향한 외침이며, 절규이다. 수능을 마친 고3 아이들은 졸업식을 하기 전까지는 고3의 순수함을 간직하고 있다. 그런데 묘하게도 졸업식을 마침과 동시에 고3의 순수함은 완전히 사라진다. 졸업식 전도 축제는 아직 사라지지 않은 순수를 통해 복음을 전하는 전도 축제이다. '졸업 전도 축제'는 교회 주변에 캠퍼스가 없거나, 청년들이 많이 없는 지역에서 사용하면 좋은 전도 축제다.

전도의 방법은 졸업식에 참석하는 고3 학생들에게 따뜻한 차를 대접하며 설문을 받는 방식이다. 이때 학교 앞이 꽃을 파는 분들로 혼잡하기에 전날 미리 장소를 잡아두는 센스가 필요하다. 뿐만 아니라 미리 학교에 연락을 해서 졸업식 날짜와 시간을 잘 파악하는 것이 중요하다. 졸업식은 한 번 놓치면 다시는 기회가 오지 않기 때문이다. 우리 공동체의 졸업식 전도 축제는 5년째 계속되고 있다. 양천, 강서, 구로, 부천 지역의 고등학교 20곳의 졸업식을 방문해 4,000장의 설문지를 받고 졸업식이 끝나는 주에 바로 초청하는 방식이다. 매년 250명의 방문자가 오고, 50명의 영혼들이 정착하고 있다.

이런 다양한 방법을 통해서 얼마나 많은 청년이 복음을 듣게 되는지 모른다. 이것이 우리의 기쁨이며, 청년 공동체 부흥에 큰 역할을 하고 있다. 우리 교회가 있는 지역은 청년들이 모일 만한 문화가 없다. 그 지역에 청년 문화가 없다고 포기하지 말고, 청년 공동체를 문화의 중심이 되게 만들면 된다.

CHAPTER

03

우리만의 청년 문화를 만들어라

홍대를 가보면 홍대만의 독특한 문화가 있다. 그것이 젊은이들을 열광하게 하는 홍대만의 문화가 된 것이다. 대학로도 마찬가지다. 대학로만의 특별한 문화가 젊은이들을 그 거리로 불러 모으고 있는 것이다. 청년들이 모이는 곳에는 하나같이 청년들의 문화가 존재한다. 청년 사역을 하면서 가장 많이 고민했던 것이 문화 창출이었다. 어떤 청년 공동체는 새벽 문화를 창출했고, 또 어떤 곳은 교제 문화를 창출했고, 또 다른 곳은 훈련 문화를 창출했다. 사실 한성교회 주변에는 청년들이 모일 만한 어떤 문화도 없다. 극장이나 식당가가 있는 것도 아니다. 이런 의미에서 'New Acts 청년 공동체'만의 문화를 만들기 위해 고민하기 시작했다. 문화가 있는 곳에 청년들이 몰려오기 때문이다.

New Acts의 카페 문화

한성교회는 카페가 아름답기로 유명하다. 내가 가본 교회 카페 중에는 최고가 아닐까 생각한다. 그날그날 직접 로스팅한 커피를 저렴한 가격에 즐길 수 있는 카페는 거리에 나가 봐도 흔치 않다. 그렇지만 한성교회 카페는 일반 커피 전문점에 비해 커피 가격이 절반 정도로 저렴하다는 것도 큰 장점이었다.

하루는 심방을 위해 교회 카페로 갔더니 교회에서 처음 보는 청년들이 있는 것이다. 시험 기간에 교회 카페에 앉아서 음악을 들으며 공부를 하는 이 동네에 사는 청년들이었다. 그때 내 머리를 스치고 지나간 생각이 있었다. "청년들을 카페로 모으자. 웬만한 모든 심방을 카페에서 하자. 전화심방을 할 때 우리 카페 자랑을 하면서 그들을 카페로 초청하자."는 것이었다. 이 생각은 적중했다. 전도한 사람들에게 전화심방을 하면서 "교회 오세요."라는 말만 하지 않고, 그 말과 함께 "우리 동네에 정말 유명한 카페가 있는데 그 카페에서 커피 한잔 사드리겠다."는 말을 덧붙이게 되었다.

그렇게 한성교회를 처음 방문한 분들은 교회에 이렇게 넓고 멋진 카페가 있다는 사실에 또 한 번 놀라고 많은 청년과 사람들이 교회 카페를 이용하고 있다는 사실에 놀라게 된다. 그러면서 한참을 이야기하다가 자기도 궁금한지 이렇게 묻는 사람들이 많았다.

"여기 진짜 교회 맞아요?"

교회 카페지만 전혀 교회 같지 않은 분위기, 하지만 교회가 아닌 것도 아닌, 그래서 때때로 헷갈리게 하는 우리 교회의 카페는 한성 청년들의 문화라고 하기에 충분했다. 우리 청년들은 카페에서 과제물을 하기도 하고, 데이트를 하기도 하고, 시험 공부를 하기도 하고, 사업 미팅을 하기도 하고, 가족모임을 하기도 하고, 심방을 하기도 한다. 한성교회의 '그릿시냇가' 카페는 우리 공동체에 없어서는 안 될 하나의 문화가 되었다.

남부순환로 CCM 축제

한 방송국의 예능을 보다가 오디션 프로그램과 가요제를 혼합한 CCM 축제를 만들면 좋겠다는 생각을 했다. 그렇게 시작된 축제가 '남부순환로 CCM 축제'였다. '남부순환로 CCM 축제'는 매년 12월 첫째 주에 예선을 거쳐, 12월 셋째 주에 결선을 한다. 개인으로도 참여가 가능하고, 단체로도 참여가 가능하다. 심사 방법은 현장 투표로 관객들이 직접 평가하는 방식으로 진행된다. 세 명의 심사 위원단이 팀의 공연을 보고 평가해 점수를 주는 오디션 프로그램과 비슷하다.

이 축제는 매년 20개 이상의 팀이 참가하는 우리 공동체만의 연말 축제라고 할 수 있다. 사실 처음에는 이 행사가 우리 공동체의 문화가 될 것이라고는 생각하지 않았다. 그러나 이제 3년을 하면서 매년 연말이 되면 청년들 스스로가 팀을 만들고 CCM 축제에 참여하고자 연습하는 모습을 보면서 이제는 우리 공동체의 문화가 되었음을 알게 되었다.

이 축제를 통해 얻을 수 있었던 것은 찬양의 은사가 있는 공동체원들을 발굴했다는 것이고, 공동체에 숨어 있는 인재를 찾아내는 데 큰 역할을 했다는 것이다. 참가하는 팀들은 현장투표를 통해 안 믿는 부모님이나 친구들을 초청하는 좋은 기회가 되기도 했다.

복고데이

우리 공동체는 3년 전부터 '복고데이'를 기획하고 시작했다. 복고데이의 시작은 4월 1일 만우절이 우연히 주일이었던 것에서부터 시작했다. 임원들과 기획회의를 하면서 "이번엔 만우절이 주일인데 뭐 재미난 게 없을까?" 하다가 "그럼 그날 교복 입고 교회 오자. 예비역들은 군복을 입고 오고, 입을 것 없는 사람들은 엄마 월남치마라도 입고 오는 걸로 하자."가 '복고데이'의 시작이었다.

이때 한참 복고라는 아이템이 유행하기 시작해 괜찮은 아이디어라고 생각했다. 몇 주 전부터 광고를 시작했다. 청년들에게는 교복에 대한 애틋한 마음이 있기에 교복 입고 교회 오기, 예비역 남자들은 군에 대한 애틋한 기억이 있기에 군복 입고 교회 오기, 그리고 1970~90년대의 복고풍 옷을 입고 교회로 오라고 광고를 했다. 그리고 교회 1층에 있는 로비 천장에 만국기를 달아 어릴 적 운동회 기분을 냈고, 포토 존을 만들어서 복고풍의 옷을 입고 사진을 찍어 가장 멋진 복고 패션을 자랑하는 형제, 자매에게는 상품을 줬다. 교회 한쪽에는 우리가 어릴 때 즐겨먹었던 추억의 불량 식품과 오락 기계들을 대여하여 추억의 오락실까지 만들어서

'복고데이'를 준비했다. 대성공이었다. 예배를 마치고 1층 로비에서 6층 식당까지 정말 많은 청년이 어릴 적 기억을 되살려 교복을 입은 채 오락을 하거나 불량 식품을 사먹고 사진을 찍으며 즐거워했다. 마지막 하이라이트는 모든 팀원이 함께 모여 양푼 비빔밥을 먹는 것이었다. 정말 행복한 광경이었다.

2012년 복고데이를 마치고 청년들의 블로그와 페이스 북에 사진이 올라오기 시작했다. 복고데이는 우리 청년들뿐만 아니라 우리 교회 전체가 기다리는 우리 공동체의 문화로 자리잡았다.

그리고 2013년 복고데이는 또 한층 진화했다. 복고데이가 있기 몇 주 전부터 팀별로 어떤 콘셉트의 옷을 입을 것인가를 고민했다. 우리 교역자들도 마찬가지였다. 그리고 추억의 오락실과 불량 식품, 야시장 같은 분위기의 먹자골목까지 기획했다. 누가 뭐라 말하지 않아도 청년들은 자발적으로 참여했고, 그 분위기는 정말 축제와 같았다. 그날 교회를 처음 왔던 한 형제는 복고데이를 경험하고 이렇게 말했다.

"한성교회는 공부도 잘하고 잘 놀 줄도 아는 교회인 것 같아."

이 말은 내가 꿈꾸는 공동체의 모습을 한 줄로 설명한 것이다. 바로 공동체에서 받아야 할 은혜를 받고, 변화한 삶을 살면서도 동시에 공동체의 문화가 세상을 주도하고 이끌어가는 것이다.

이렇게 3년간 진행된 복고데이는 이제 단순한 이벤트가 아닌 우리의 문화가 된 것이다. 나는 이 문화를 단순히 먹고 즐기는 문화로 끝내지 않고, 전도의 끈으로 연결시키고자 했다. 2014년부터 우리 공동체의 복고

복고데이

데이는 이벤트가 아닌 전도의 장이 되었다. 올해는 새 가족만 150명이 참여했고, 장기결석자도 50명 이상이 참여했다. 이제는 공동체의 문화를 통해 재미와 사역의 두 마리 토끼를 잡은 것이다.

　우리 공동체가 우리만의 독특한 문화를 창출하면서 많은 청년 사이에 교회는 지루한 곳이라는 생각이 사라졌다. 그리고 교회를 중심으로 청년들이 모일 수 있는 일들이 자연스럽게 생겼다. 이처럼 청년 문화의 창출은 청년들을 교회로 모을 수 있는 좋은 기회가 될 것이다.

PART **04**
힘겨운 청년들을 향한
작은 외침

여호와는 나의 빛이요 나의 구원이시니

내가 누구를 두려워하리요

여호와는 내 생명의 능력이시니

내가 누구를 무서워하리요

(시편 27장 1절)

CHAPTER

01

하루를 살아도
후회 없이 살자

후지이 가오루가 쓴《엔딩, 나의 인생에 후회가 있다》라는 책에는 한 분야에서 최고의 자리매김을 했던 스타나 위인들의 인생 이야기가 나온다. 이 책에는 총 26명의 스타들이 나오는데, 읽다 보면 그들의 인생을 통해 정말 성공한다는 것이 무엇인지, 잘 산다는 것이 무엇인지 생각하게 한다.

카렌 카펜터는 남매로 결성된 '카펜터즈'라는 듀엣의 여동생이다. 그녀는 누구보다 아름다운 목소리를 지녔기에 사람들은 미국 최고의 미성이라고 말했다. 그러나 외모에 열등감을 가져 무분별한 다이어트를 하다가 결국 거식증으로 죽었다.

엘비스 프레슬리는 한 시대를 풍미했던 최고의 팝 가수였다. 얼마나 돈을 많이 벌었던지, 엘비스가 죽고 난 지금도 그의 아들은 아직까지 미국에서 몇 번째 가는 부자다. 이 사람의 끝은 어땠을까? 그는 약물 중독으로 비참하게 인생을 마감했다.

노마 진 모텐슨이라는 여자는 1926년에 미국에서 태어나 고아원을 전전하며 어린 시절을 지냈다. 이 여성은 어릴 때 두 번이나 성폭행을 당했고, 너무 가난해서 돈을 벌기 위해 1949년에 누드 사진 모델이 된다. 그런데 이것이 기회가 되어 미국 최고의 배우가 된 그녀가 바로 최고의 섹시 심벌이라는 마릴린 먼로이다. 하지만 그녀는 극심한 우울증을 겪다가 결국 1962년에 자신의 집에서 약물 과용으로 숨진다.

이들은 한 시대 최고의 스타들로 모든 것을 누리고 살았다. 그러나 그 인생을 보면 잘 살았다고 말할 수 없다. 아무리 성공하고, 돈 잘 벌고, 인기 있는 삶을 살았어도 후회스러운 삶을 살았기 때문이다.

그러면 후회 없이 산다는 것은 무엇인가? 사도 바울은 사도행전에서 이렇게 말했다.

내가 달려갈 길과 주 예수께 받은 사명 곧 하나님의 은혜의 복음을 증언하는 일을 마치려 함에는 나의 생명조차 조금도 귀한 것으로 여기지 아니하노라(사도행전 20장 24절)

내게 바울의 이 말은 "나는 죽어도 여한이 없다. 나는 지금까지 후회 없는 인생을 살았다. 앞으로도 후회 없는 삶을 살 것이다."라는 뜻으로 들렸다. 따라서 우리 역시 하루를 살더라도 이런 말을 할 수 있어야 한다.

너는 무엇에 붙들려 있니?

사도 바울은 세상의 성공에 안달이 났던 사람이었다. 그는 성공 신화에 사로잡혀 있었다. 그는 성공하려고 예수 믿는 사람을 잡아 넘기고 죽였다. 그중에 한 명이 스데반 집사였다. 그에게 인생의 비전은 성공이었다.

사람이 만든 모든 사물에는 목적이 존재한다. 세상에 존재하는 물건 중에서 목적이 없는 것은 아무것도 없다. 하물며 하나님이 만드신 사람에게 목적이 없겠는가? 우리가 단순히 성공하기 위해 이 땅에 존재하고, 돈 벌기 위해 존재한다면 우리는 너무 불쌍한 존재다. 하나님은 돈을 벌어 오라고 우리를 이곳에 보낸 것이 아니다. 하나님은 성공하라고 우리를 만들지 않았다. 하지만 우리 하나님은 앵벌이 하나님이 아니다.

다 먹은 과자 봉지는 쓰레기다. 다 마신 캔도 쓰레기다. 목적을 상실한 물건은 쓰레기통에 들어간다. 이 땅에 목적을 상실한 사람이 있다면 그 인생은 쓰레기와 같다. 비전을 잃고, 비전 없이 살아간다면, 쓰레기 같은 인생을 사는 것이다. 하나님이 우리를 왜 이곳에 보냈는지 모르는 삶을 산다면 우리는 쓰레기에 불과하다.

바울은 잘못된 비전에 붙들린 인생이었다. 그래서 그는 쓰레기와 같은 삶을 살았다. 스데반 집사를 죽이고, 수많은 성도를 죽였다. 성공을 위해 인간 백정 같은 삶을 살았다. 사실 바울은 성공을 위해 태어난 존재가 아니었다.

주께서 이같이 우리를 명하시되 내가 너를 이방의 빛을 삼아 너로 땅

<u>끝까지 구원하게 하리라 하셨느니라 하니</u>(사도행전 13장 47절)

하나님은 바울을 향한 특별한 계획과 비전을 가지고 있었다.

하나님은 우리 각자도 아주 독특하고 특별한 하나님의 이유와 목적을 가진 존재들로 만드신 것이다. 비전을 발견한다는 것은 하나님이 왜 우리를 이 땅에 보냈는지 아는 것이다. 하나님이 바울을 이 땅에 보낸 이유는 이방의 빛으로, 이방을 구원하는 구원자가 되게 하려 하심이다. 그런데 놀라운 것은 이걸 발견한 바울의 인생이 바뀌더라는 것이다. 그는 그때부터 후회 없는 인생, 살맛 나는 인생을 살게 되었다. 후회 없는 인생을 살고 싶은가? 그렇다면 비전에 붙들린 사람이 되어라.

비전에 붙들린 사람은 현실에 만족하지 않는다

비전에 붙들린 바울은 1차 전도 여행을 떠나게 된다. 비시디아 안디옥에서 시작한 1차 전도 여행은 이고니온과 루스드라를 거치면서 마무리된다. 1차 전도 여행은 정말 힘들었다. 엄청나게 매를 맞고, 죽을 고비도 여러 번 넘겼다. 그러나 바울은 거기에서 멈추지 않았다. 사람들은 좀 쉬라고, 천천히 하라고, 수고했으니까 여유를 가지라고 말했다.

그러나 바울은 쉬지 않는다. 1차 전도 여행이 끝나고 그는 곧장 2차 전도 여행을 준비한다. 사람들이 뭐라고 하든지 이방의 빛이 되라는 그 비전 때문에 바울은 멈출 수가 없었다. 비전이 바울을 움직이고, 비전이 바울을 결단하게 했다.

비전에 붙들린 사람은 절대 포기하지 않는다

바울은 비전에 사로잡힌 사람이었다. 그는 2차 전도 여행을 시리아 안디옥에서 출발해서 1차 전도를 했던 아시아로 다시 가려고 했지만 환란과 핍박으로 모든 길이 막히고 만다. 그래서 바울은 드로아라는 해변으로 간다. 바울은 거기에서 기도한다. 그때 그에게 유럽의 마케도니아 사람들이 건너와서 자신들을 도우라는 환상을 본다. 복음으로 유럽 땅을 바꾸라는 비전을 본 것이다. 이게 바울의 유럽전도의 시작이다.

바울은 유럽의 첫 성 빌립보에서 복음을 전하기 시작했지만, 쉽지 않았다. 그곳에서 그들을 기다렸던 건 환란과 핍박이었다. 그들은 감옥에 감금당한다. 그래도 바울의 비전은 중단되지 않는다. 비전은 고난과 환란과 핍박 앞에서도 중단되지 않는다. 만약 고난과 환란과 핍박 앞에서 우리 비전이 중단된다면 그것은 가짜 비전이다.

어떤 청년은 돈이 없어서 비전을 포기한다고 말한다. 미안한 말이지만 그런 사람은 돈이 있어도 비전을 이룰 수 없다. 비전은 그런 상황이나 고난으로 포기하는 것이 아니다. 하나님은 우리가 비전을 포기하지 않는다면 반드시 길을 열어주신다.

이에 홀연히 큰 지진이 나서 옥터가 움직이고 문이 곧 다 열리며 모든 사람의 매인 것이 다 벗어진지라(사도행전 16장 26절)

놀라운 말씀이다. 비전에 사로잡힌 사람은 하나님께서 길을 열어주신다. 비전으로 움직이는 사람은 감옥 문이 열리듯이 비전의 문이 열린다. 비전 때문에 물질이 열리고, 환경의 문이 열린다.

조지 하버트는 "비전을 상실할 때 인간은 죽어가기 시작한다."라고 말했다. 비전이 없는 사람은 희망 없는 사람이다. 아니 살았지만 죽은 사람이다. 숨은 쉬고, 밥은 먹지만 죽은 것이다. 비전을 상실한 청년은 더 이상 청년이 아니다.

그렇다면 어떻게 비전에 붙들리는가? 비전은 만남을 통해 발견된다. 바울은 다메섹에서 부활하신 예수님을 만난 순간 지울 수 없이 불타오르는 비전을 가지게 되었다. 비전은 좋은 사람을 만날 때 발견되기도 한다. 그래서 좋은 사람 만나는 게 중요하다. "어떤 사람을 만나느냐"에 인생이 달려 있는 것이다. 좋은 선교사님을 만나면 선교에 대한 비전이 생긴다. 좋은 교사를 만나면 교사에 대한 비전이 생긴다. 좋은 언론인을 만나면 언론에 대한 비전이 생긴다.

베드로는 갈릴리에서 어부로 살았다. 그러나 베드로는 예수님을 만난 순간, 물고기가 아니라 사람 낚는 어부로서 비전을 가지게 된 것이다. 에스더는 민족을 구원하고자 하는 비전이 없었다. 그녀는 민족을 구원하라는 삼촌 모르드개를 통해 비전을 가지게 된다.

인생에 가장 확실한 비전은 하나님을 만날 때 발견할 수 있다. 좋은 사람과의 만남으로도 비전을 발견하는데 하물며 내 인생을 창조하신 하나님을 만난다면 어떻게 될까? 이사야는 하나님을 만나는 순간 비전을 발견한다.

후회 없이 살라. 돈에 붙들리지 말고, 성공에 붙들리지 말고, 당신을 창조하신 하나님께 붙들리고, 그분의 비전에 붙들리는 인생이 되어라.

위대한 사람이 위대한 꿈을 꾸는 것이 아니라, 위대한 꿈이 위대한 사람을 만든다.

무엇보다
리더가 중요해

존 케네스 갤브레이스는 이 시대를 가리켜 '불확실성의 시대'라고 표현했다. 나는 청년을 지도하는 목사로서 이 표현에 동의한다. 이 시대를 사는 우리 청년들은 모든 것이 불확실하다. 공부를 잘해서 좋은 대학에 들어가도 불확실하다. 청년 실업 100만의 시대가 열렸다. 취업이 얼마나 불확실하면 우리 청년들은 대학 생활을 맘껏 즐기지도 못한다. 그들은 오직 스펙만을 위해서 살아간다. 불확실한 세상 속에 확실한 것을 붙들려고 하는 발버둥이다.

그런데 그런 노력을 다해 원하는 직장에 간다고 끝나는 일이 아니다. 요즘은 직장도 전쟁터이다. 총, 칼만 안 들었지 치열하다. 언제 잘리게 될지, 도태될지 몰라 항상 불안하다. 그래서 경쟁률이 100 대 1, 200 대 1 하는 공무원을 너도 나도 되려고 한다. 공무원은 안전한가? 하지만 공무원이 평생직장이란 말도 옛말이다.

우리 청년들은 어떤 남자, 어떤 여자를 만나 결혼할까? 어떤 가정을 이룰 것인가? 이것도 불확실하다. 남자는 여자를 잘못 만나면 인생이 어려워진다. 여자도 마찬가지다. 내가 아는 어떤 자매는 미국에서 사업하는 교포에게 시집을 갔다. 주위의 사람들은 미국에서 돈 잘 버는 남자 만나서 시집 잘 갔다고 입이 닳도록 말하더라. 그런데 결혼한 지 6개월 만에 이혼을 하고 한국으로 돌아왔다. 청년들의 삶은 모든 것이 불확실하다.

한 신문에서 "점 중독 주의보 – 점이라는 마법에 빠진 일본인이 늘고 있다."라는 기사를 읽은 적이 있다. 일본 도쿄에 사는 38세 여성인 오사키 지오코 씨는 결혼 후 얼마 안돼 남편과 이혼했다. "나는 도대체 왜 이럴까? 나의 장래는 대체 어떻게 될까?"라며 불안해했다. 그때부터 점쟁이에게 의존하기 시작했고 매일 밤 전화했다. 한 번에 내는 복채만 2만 엔(우리 돈 26만 원). 2년째 이렇게 살다 보니 복채 때문에 300만 엔(우리 돈 3900만 원)의 빚을 졌다고 한다. 점쟁이가 하는 말에 인생을 거는 것이다. 하지만 그러기엔 우리 인생이 너무 아깝지 않은가?

"사람은 눈앞에 서 있는 사자보다, 무엇이 있을지 모르는 어두움을 더 두려워한다."는 말이 있다. 이것이 바로 불확실성이 주는 두려움이다. 그럼 이런 불확실한 시대에 생존전략은 있는가?

이에 사람들은 여러 가지 방법을 제시한다. "실력이 있으면, 돈이 있으면, 힘이 있으면 될 거야."라고 말이다. 하지만 착각하지 말라. 우리나라는 부자도 죽고, 대통령도 죽고, 교수도 자살하는 나라다. 부족해서, 실력이 없어서, 돈이 없고, 힘이 없어서가 아니다. 이처럼 불확실한 시대 앞에서는 돈이나 힘, 실력도 우리를 지켜주지 못한다.

리더를 잘 만나면 불안하지 않아

지금으로부터 90년 전쯤 탐험대 두 팀이 북극과 남극 탐험 길에 올랐다. 공교롭게도 두 팀의 배가 모두 갑자기 얼어버린 바다에서 꼼짝도 하지 않았다. 한 팀은 1913년 8월 3일 출발한 빌 스테펜슨이 이끄는 북극 탐험대였다. 그리고 11명의 대원들 전원이 싸늘한 주검으로 돌아왔다. 기록에 따르면 스테펜슨을 비롯한 모든 대원이 조난을 당하자마자 완전히 달라졌다고 한다. 원망하고 불평하며 체념하고 분노했다. 그 순간 팀워크는 완전히 무너졌다.

그리고 지구 반대편에서 어니스트 섀클턴 경이 이끌던 남극 탐험대도 스테펜슨의 탐험대와 똑같은 일을 겪게 되었다. 남극으로 항해하던 도중 빙벽에 둘러싸여, 대원들은 식량이 떨어지고 혹독한 추위에 발이 썩어 들어가기 시작했다. 펭귄의 똥으로 밥을 먹고, 물개의 피로 물을 대신했다. 그들은 자그마치 537일 동안 조난당해 있었다. 사람들은 그들이 다 죽었을 것이라고 생각했다. 과학 기술이나 통신이 열악했던 그 시절에 생명에 대한 소망을 가질 수가 없었다.

그런데 새클턴 경이 이끌었던 남극 탐험대는 그 누구도 죽지 않고 모두 살아서 귀환했다. 그들이 구조된 뒤에 어떤 기자가 그 배의 일등 항해사에게 물었다.

"도대체 어떻게 살아왔습니까? 당신들이 살아 돌아온 그 기적의 비결이 무엇입니까?"

그랬더니 그 사람은 한 치의 망설임도 없이 이렇게 대답했다.

"새클턴, 어니스트 새클턴! 그가 우리를 살렸습니다."

인간의 삶은 상황이나 환경의 문제가 아니다. 바로 리더십의 문제다. 이 시대도 역시 마찬가지다. 경제적, 정치적, 세대 간의 문제가 아니라, 리더십의 부재가 문제다. 어떤 리더를 따라가느냐에 따라 인생은 완전히 달라진다. 어떤 리더이냐에 따라 다 죽을 수도 있고, 다 살 수도 있다. 인생에 있어 그 무엇보다 중요한 것은 바로 리더이다.

아이들이 유치원에 가서 제일 먼저 배우는 말이 무엇인지 아는가? "It's mine(이거 내 거야)."이다. 아이들은 유치원에 가서 모든 물건의 소유권을 주장하는 말을 먼저 배운다. 첫째 아들이 5세일 때 어린이집에 보냈더니, 그때부터 자기 것에 대한 소유권을 주장하기 시작했다. 하루는 아들이 코를 파고 있었는데, 그걸 보던 아내가 더럽다며 코를 파지 못하게 했다. 그랬더니 이 녀석이 엄마 앞에서 보란 듯이 더욱 심하게 코를 파는 것이다. 그러다 코에서 분비물을 하나 꺼내더니, 엄마에게 이러는 것이다. "엄마, 이거 내 거야."라고 하더니 코에서 나온 분비물을 입에 넣으면서 먹어 버렸다.

이 모습을 보면서 정말 많이 웃었다. 그런데 가만히 생각해보면 이건 다름 아닌 우리의 모습이다. "내 인생, 내 거니까. 내 맘대로 할 거야. 참견하지 마. 내 인생, 내가 주인인데 누가 뭐라고 그래?"라고 말하는 우리들 말이다. 우리는 내가 내 인생의 리더로 리더십을 발휘하며 내가 이끄는 대로 살겠다고 말한다.

그런데 자기 자신을 인생의 주인으로, 리더로 삼은 사람의 결말이 무엇인가? 20세기 대문호 어네스트 헤밍웨이를 아는가? 1954년 그는 노벨 문학상을 받았다. 작가로서 노벨 문학상은 최고의 자리이다. 세상 사람들이 말하는 성공한 사람이었다. 그러나 1961년 "이 무의미한 인생의 행진을 접는다."는 말을 남기고, 엽총으로 자살했다.

아무리 성공했다 해도 내가 인생의 주인 된 사람의 마지막 모습이다. 내가 아무리 많이 배웠다 해도, 많은 것을 가지고, 성공했다 해도 나는 내 인생을 책임질 수 없다. 만약 내가 인생의 주인 되어 살면 결국은 불행하게 된다.

좋은 리더는 책임지는 존재다

조직에 문제가 생겼을 때 좋은 리더는 모든 책임을 자신이 안고 간다. 이런 의미에서 나는 절대 좋은 리더라 말할 수 없다. 인간은 본능적으로 책임을 전가하는 존재이기 때문이다. 우리는 모든 책임을 떠넘기려고 한다. 아담과 하와가 에덴동산에서 죄를 짓고 하나님께서 찾아오셔서 "먹지 말라고 했던 열매를 먹은 게 누구냐?"라고 물었을 때 아담은 여자 때문이라고, 여자는 뱀 때문이라고, 결국 여자와 뱀을 창조한 하나님 때문에 그 열매를 먹게 되었다며 책임을 회피하고 전가시키는 모습을 볼 수 있다.

인간은 원래 인생의 리더로서 자질이 없는 존재이다. 자기 스스로도 자기 삶을 책임질 수 없기 때문이다. 리더로서 자신의 결정을 책임질 수도 없는 우리가 어떻게 인생의 리더로 살 수 있다고 생각하는가?

리더는 믿고 따를 만한 존재여야 한다

'나'라는 리더는 믿을 수 있는 존재인가? 사실 '나'라는 리더는 나 자신도 믿을 수 없는 존재다. 그건 누구보다 자기 스스로가 더욱 잘 알고 있다. 스미스라는 사람을 아는가? 그는 당대 최고의 선장이었다. 스미스보다 배를 잘 운전하는 사람은 없었다. 그래서 그는 1912년에 최고 유람선의 선장이 되었다. 그 배가 바로 '타이타닉호'다. 1912년 4월 14일 11시경에 전신연락이 왔다. "빙산이 있으니 조심하라!"는 것이다. 스미스는 그 경고를 무시하고 계속 항해했다. 자신은 최고의 선장이었고, 충분히 빙산을 피할 수 있다고 생각했던 것이다. 그러나 정확하게 15일 새벽 2시 20분 타이타닉은 침몰하고 말았다. 이 사고로 승객 2224명 중 1514명이 수장되고 말았다.

우리 가운데 스미스 선장같이 고집을 피우는 사람이 있다. 내가 인생의 전문가라며, 내가 인생의 운전자라고 생각하면서 끝까지 자기 뜻대로 인생을 이끌어 가고 있다. 그러나 그 결과는 불을 보듯 뻔하다. 나도 죽고 다른 사람까지 죽이는 참혹한 현장을 보게 될 것이다. 아직까지 내가 내 인생의 리더라고 생각한다면 그건 교만이다. 이제는 리더로서의 자격 미달인 나를 인정해야 할 때다.

몇 년 전, 장마철에 중학생 두 명이 길을 가다가 죽었다. 사인(死因)은 맨홀 뚜껑에 엄청난 전기가 흘렀는데 그걸 몰랐던 학생들이 비 오는 날 맨홀 뚜껑 밟고 지나가다 전기에 감전되어 죽었다는 것이다. 우리가 인생의 주인이라고 떠들어 대지만 우리는 정작 10분 뒤, 30분 뒤에 닥쳐올 인생의 위기가 무엇인지조차 모르고 세상을 살아간다. 이것이 우리의 한계다.

여전히 이런 내가 인생의 주인이라면 우리는 불확실한 세상 속에서 항상 불안해하며, 두려움에 떨게 될 것이다. 내가 인생의 주인으로 사는 한 불확실한 인생에 혁명은 절대 일어나지 않는다.

여호와가 우리 하나님이신 줄 너희는 알지어다 그는 우리를 지으신 이요 우리는 그의 것이니 그의 백성이요 그의 기르시는 양이로다(시편 100편 3절)

성경은 정확하게 우리가 하나님의 것이라고 선언하고 있다. 하나님이 만들었고, 만드신 그 하나님이 내 인생의 리더이며 주인이라고 말씀하고 있다. 하나님은 책임 있는 리더이며, 믿고 따를 만한 리더라고 말씀한다.

수고하고 무거운 짐 진 자들아 다 내게로 오라 내가 너희를 쉬게 하리라(마태복음 11장 28절)

예수님은 자신 있게 우리를 초청한다. 예수님이 이렇게 말씀하신 가장 큰 이유는 인생의 모든 문제를 해결할 자신감이 있는 리더였기 때문이다. 이 세상 그 어떤 리더도 이렇게 말하지 못한다. 리더로서 자신감이 없기 때문이다.

그러므로 우리는 하나님을 인생의 주인으로 고백해야 한다. 이것밖에 안 되는 내가 인생을 경영할 수 없다는 사실을 인정하며, 하나님만이 참다운 리더임을 고백해야 한다. 우리가 인생의 리더를 하나님이라 고백하면 불확실한 인생 속에 평화를 누리고, 확실한 인생을 살게 된다.

죽지 마, 죽을힘으로 살면 되잖아

사회가 발전하면 발전할수록, 인간은 더 깊이 소외되고, 더 많이 병들어 간다. 많이 발전한 사회일수록, 정신 질환자가 늘어나고, 자살자도 급증한다. 통계를 보면 매년 2000명의 자살자가 증가하고 있다. 사회가 발전하면 몸은 편해지고, 생활도 편리해지는 한편 우리 영혼은 병들고, 아프고, 썩어 가는 것이다.

어떤 심리학자는 이 시대를 가리켜서 '영혼이 병든 시대'라고 말한다. 이게 우리가 사는 이 나라의 모습이다. 우리나라는 이미 오래전에 OECD 국가들 가운데 자살률이 가장 높은 국가가 되었다. 이 사실을 증명이라도 하듯이 많은 연예인이 줄지어 자살하고, 영향력 있는 사람들까지도 자살을 하고 있다.

톱스타나 유명인이 아니더라도 우리나라는 매일 40여 명의 사람이 스스로 목숨을 끊는다. 한 재벌 총수의 자살, 카드빚으로 두 자녀와 함께 투신자살한 주부, 성적 부진 때문에 목숨을 끊은 학생, 학자금 때문에 자살한 청년. 너무 많은 사람이 인생을 포기한다. 사람들이 먹고 사는 문제, 돈 버는 문제, 잘 사는 것에 정신이 팔려 있을 때 영혼에 대한 관심이 사라지는 것이다.

사랑하는 자여 네 영혼이 잘됨 같이 네가 범사에 잘되고 강건하기를 내가 간구하노라(요한3서 1장 2절)

성경은 우리 영혼이 무너지면 모든 것이 무너진다고 말씀한다. 이 순서대로라면 사람은 영혼이 먼저 죽고, 그다음 육체가 죽는 것이다. 이제 우리는 영혼을 돌아보아야 할 때가 되었다.

무서운 것은 자살이 유행처럼 번져가고 있다는 사실이다. 흔히 '베르테르 효과'라고 하는데, 유명인이나 자신이 모델로 삼고 있던 사람이 자살할 경우, 그 사람과 자신을 동일시해서 자살을 시도하는 현상이다.

나는 사역을 하면서 청년들에게 2년에 한 번씩 자살 예방 설교를 한다. 참 웃긴 말이지만 나는 나와 함께 했던 청년들의 죽음을 보면서 "청년들이 이렇게 허무한 죽음 앞에 서지 않도록 하자."고 마음먹었다.

아나운서가 되고 싶었던 자매의 죽음, 사랑하는 여자와 헤어져 아파하던 형제의 죽음, 행복한 결혼 생활을 꿈꾸었던 자매의 죽음. 그들의 죽음 앞에서 나는 결심했다.

"하늘의 별같이 아름다운 이들을 이렇게 보낼 수 없다. 새벽이슬 같은 주의 청년들을 이렇게 빼앗기지 않겠다."

청년 때에 인생이 오죽 힘들면 죽으려 하겠는가? 아무리 열심히 살아도 인생은 갑갑하다. 미래에 대한 보장은 없다. 그렇다고 그 나이가 되도록 해놓은 것은 하나도 없고, 아직 젊고 시집도 못 갔는데 병원에 갔더니 암이라 하고, 사랑했던 남자가 배신하고, 군대 간 사이에 고무신 거꾸로 신고, 누구는 카드빚에 시달리고, 아빠가 보증 잘못 서서 집에 빚이 산더미같이 있고, 학비 낼 돈이 없어서 매 학기마다 걱정하는 게 우리 모습이다. 아무리 인생을 묵상해봐도 돌아오는 대답은 절망이고 고통이다. 세상은 끊임없이 내가 죽어야 할 이유를 가르쳐준다.

내가 하나님을 좋아하는 이유가 바로 여기에 있다. 우리가 하나님 앞에 서면 아무리 죽을 일이 많다 해도, 하나님은 우리가 살아야 할 이유를 가르쳐주기 때문이다. 하나님은 매일매일 내가 살아야 할 이유가 무엇인지, 내가 왜 존재해야 하는지를 말씀하신다. 그래서 나는 하나님이 좋다. 우리가 인생을 포기하고 싶을 때마다 우리는 하나님께 나아가게 된다. 살기 위해서다.

왜 나만 고통을 당하는가?

절대 자신만이 힘들고, 고통당한다고 생각하지 마라. 우리가 세상을 살다 보면 크고 작은 고통과 고난을 겪지 않는 사람이 아무도 없다. 사람들이 말은 안 하지만, 하나같이 죽을 것 같은 문제를 다 가지고 있다.

자살예방사이트 게시판을 보니 "엄마가 휴대폰을 사주지 않아서 죽고 싶다."는 한 중학생, "다이어트를 해도 살이 빠지지 않는다."는 이유로 죽고 싶다는 20대 초반의 여성, "외모 때문에 죽고 싶다."는 남자도 있고, "결혼을 못한다."고 비관해서 자살 충동을 느끼는 사람들도 있었다. 그러니 절대 '나만 그렇다.'고 생각하지 말자.

모든 아이가 휴대폰을 가지고 있는데 나만 없다. 내가 보기엔 다 날씬해보이는데 나만 뚱뚱하다. 다 잘생기고 예뻐 보이는데 자기만 못 생겼다. 친구들은 다 시집, 장가가는데 나만 솔로다. 아니다. 휴대폰 없는 중학생들 너무 많다. 다이어트에 실패한 20대 여성들도 많이 있다. 못생긴 남자 한두 명이 아니다. 결혼 안 한 청년들이 교회 안에 가득하다.

<u>사람이 감당할 시험밖에는 너희가 당한 것이 없나니 오직 하나님은 미쁘사 너희가 감당하지 못할 시험 당함을 허락하지 아니하시고 시험 당할 즈음에 또한 피할 길을 내사 너희로 능히 감당하게 하시느니라</u>(고린도전서 10장 13절)

이 말씀엔 두 가지 약속이 있다.

먼저 <u>"사람이 감당할 시험밖에는 너희가 당한 것이 없나니"</u>라는 말씀을 원문 그대로 옮기면 이런 뜻이 된다.

<u>"사람들이 보편적으로 당하는 시험이 아닌 시험은 너희에게 임하지 않는다."</u>

우리가 당하는 시험은 누구나 당하는 시험이며, 우리 인생의 선배들도 누구나 받아 왔던 시험이라는 말씀이다. 고로 그들이 이기고 승리했

던 것처럼 우리도 넉넉히 이기고, 승리할 수밖에 없다는 말씀이다.

또 한 가지는 "감당하지 못할 시험 당함을 허락하지 아니하시고 시험 당할 즈음에 또한 피할 길을 내사"라는 부분을 보자. 만약에 우리가 감당치 못할 시험이 온다면 하나님은 반드시 피할 길을 주신다. 이 말은 고난을 피하게 해준다는 뜻이 아니라 시험의 한가운데에서 승리를 주시겠다는 약속이다. 홍해를 건너는 이스라엘 백성들 뒤로 애굽 군사가 따라오고, 앞으로 홍해가 가로막고 있었다. 이스라엘은 몰살의 상황이었다. 그러나 하나님의 신비는 있었다. 하나님은 상상도 못할 방법을 동원하셨다. 바다에 길이 났다. 이렇게 하나님은 고난 속에서 길을 만드는 분이시다.

내가 좋아하는 노래 중에 하하가 부른 '키 작은 꼬마이야기'라는 노래가 있다. 장난기 가득한 가사지만 나는 이 노래를 듣는데 너무 큰 감동이 되더라. 언젠가 힘들어하는 우리 청년들에게 불러줘야겠다 마음을 먹었다.

키가작은 꼬마동춘이 내 얘기를 들어보세요
받아쓰기 20점 동네꼬마 비슷해 나랑 키도 비슷해 이것 참 난 석사인데
키도 작고 못생겼는데 가진 것도 하나 없는데 키가 작아서 나는 행복해
세상 모든 것을 우러러 볼 수 있으니까 나는 행복해 Oh-
니노막시무스카 이쪄쏘제 쏘냐도르 엔 스파르타 죽지 않아 나는 죽지 않아

ㅗㅗㅗ 나는 죽지 않•ㅏ

니노막시무스카•ㅣ져쏘제 쏘냐도르•ㅔ스파르타 죽지 않•ㅏ 나는 죽지 않•ㅏ

나는 키 작은 꼬맹•ㅣ니까

꿈•ㅣ 많은 꼬마 동훈•ㅣ ㅎ•ㅏ고 싶은 게 참 많았지

노래ㅎ•ㅏ고 싶다고 무대서고 싶다고 •앨범까지 냈는데 •ㅣ것 참 •ㅏ무도 몰라

마음대로 •안 풀린다고 마음 먹기 나름•ㅣ라고 절대 놓치고 싶지 않•ㅏ

넘•ㅓ지면 또다시 •일•ㅓ나면 되니까 나는 괜찮•ㅏ아ㅓ

니노막시무스카•ㅣ져쏘제 쏘냐도르•ㅔ스파르타 죽지 않•ㅏ 나는 죽지 않•ㅏ

ㅗㅗㅗ 나는 죽지 않•ㅏ

니노막시무스카•ㅣ져쏘제 쏘냐도르•ㅔ스파르타 죽지 않•ㅏ 나는 죽지 않•ㅏ

나는 키 작은 꼬맹•ㅣ니까

사랑•ㅔ 실패ㅎ•ㅐ도 절대 죽지 않•ㅏ

사•업•ㅔ 실패ㅎ•ㅐ도 절대 죽지 않•ㅏ

시험•ㅔ 떨•ㅓ져도 절대 죽지 않•ㅏ

－ㅎㅏㅎㅏ의「키 작은 꼬마 •ㅣ•ㅑ기」

나는 설교시간에 청년들에게 "죽지 마. 죽지 마. 절대 죽지 마."라며 노
래를 불러줬다. 많은 청년이 이 노래를 들으며 내 마음을 알아줬다. 예배
후에 청년들이 문자를 보냈다. 절대 죽지 않겠다고, 다시 일어서겠다고,

어떤 일이 있어도 반드시 살겠다고 결심하는 청년들이 많이 있었다.

나는 청년들에게 "실패하지 마. 넘어지지 마."라고 말하지 않는다. 패배자는 실패가 무서워, 넘어지는 게 무서워 무엇도 시도하지 않는 사람이기 때문이다. 대신 "실패해도 좋아. 넘어져도 좋아. 우리 죽을힘을 다해 다시 살아보자!"라고 소리치는 것이다. 승리자는 실패해도, 넘어져도 다시 일어서는 사람이기 때문이다. 그런 의미에서 실패를 경험한 청년, 넘어져본 청년들은 하나같이 승리자다. 그렇기에 사업에 실패했다고, 시험에 떨어졌다고 죽어야 할 이유가 없다.

청년아, 울고 싶을 때 소리 내서 울어라

청년아, 우는 것은 부끄러운 일이 아니니까 마음이 힘들고 어려울 때는 소리 내어 울어라. 눈물에는 힘이 있다. 눈물은 응어리졌던 마음을 풀어준다. 눈물은 마음의 상처에 특효약이다. 세상 사람들은 슬플 때 울고, 안 좋은 일이 있을 때 운다. 그래서 사람들은 우는 것을 저주 같은 인생, 찌질한 인생들의 전유물이라고 여긴다.

애통하는 자는 복이 있나니 그들이 위로를 받을 것임이요(마태복음 5장 4절)

성경은 "애통하는 자는 복이 있다. 우는 것이 복이다. 눈물 흘리는 것은 아름답다. 눈물은 하나님이 주신 축복이다."라고 말씀한다.

아이들이 자살하는 것을 본 적 있는가? 5~7세 아이들은 절대 자살하지 않는다. 아이들은 그때그때 울기 때문이다. 그런데 어른은 참고 참는다. 참고 참고 참다가 마음에 병이 되는 것이다. 그러다 죽음을 생각한다.

"우는 것을 두려워하지 마라. 눈물은 마음의 아픔을 씻어내는 것이다."라는 인디언 속담이 있다. 나는 청년들에게 울고 싶을 때 울라고 말한다. 사람 앞에서든 하나님 앞에서든 우는 것을 부끄러워할 필요가 없다. 눈물엔 하나님의 특별한 치유력이 있기 때문이다.

나의 유리함을 주께서 계수하셨사오니 나의 눈물을 주의 병에 담으소서 이것이 주의 책에 기록되지 아니하였나이까(시편 56편 8절)

하나님은 우리의 눈물을 기억하신다. 우리 눈물을 세고 계신다. 그래서 우리가 하나님 앞에서 울면 하나님은 반드시 우리를 위로하고, 우리를 치료하고, 우리 인생을 역전하신다. 그때 우리는 죽을힘으로 다시 살아야겠다는 산 소망을 가지게 되는 것이다.

있어야 할 곳에 없으면 위기가 온다

하로동선(夏爐冬扇)이란 말이 있다. 여름철에 난로, 겨울철에 부채라는 것인데, 때에 맞지 않아 쓸모없는 물건을 뜻한다. 아무 소용없다는 것이다. 누가 여름철에 난로 껴안고 있고, 누가 겨울철에 에어컨 바람 좋아하겠는가?

있어야 할 곳에 있어야 행복하다

여호와께서 온갖 것을 그 쓰임에 적당하게 지으셨나니 악인도 악한 날에 적당하게 하셨느니라(잠언 16장 4절)

하나님은 세상의 모든 걸 그 쓰임에 적당하게 창조했다. 그래서 피조

물은 창조 섭리에 따라 있어야 할 곳에 있을 때 가장 행복하다. 하루는 자고 일어났더니 얼굴 반쪽이 퉁퉁 부어 있었다. 병원에 갔더니 의사 선생님의 말에 경악했다. 얼굴이 심하게 부은 이유는 내가 코털을 뽑아서 염증이 생겼기 때문이라고 했다. 그러면서 힘껏 겁을 주며 "목사님, 코털 잘못 뽑아서 죽은 사람도 있어요."라고 하는 게 아닌가. 그때 깨달았다. "하찮은 코털도 하나님이 만드신 자리에 있어야 되지, 그 자리에 없으면 문제가 되는구나."

아버지가 있어야 할 곳에 없으면 가정이 아프다. 목사가 있어야 할 곳에 없으면 교회가 불행하다. 대통령이 있어야 할 곳에 없으면 국가가 병든다. 모든 것이 있어야 할 곳에 있다면 모두가 행복하다.

모든 물건은 있어야 할 곳에 있을 때 가치가 있다

물고기는 물속에 있어야 자기 능력을 발휘할 수 있다. 아무리 수영 능력이 뛰어나도 물고기를 운동장에 던지면 아무런 가치가 없다. 낙타의 진가는 사막에서 드러난다. 낙타는 북한산에서 자신의 진가를 발휘하지 못한다. 세상의 모든 것은 있어야 할 곳에 있어야 위대해지는 것이다. 하지만 있어야 할 곳이 아닌 다른 곳에 있으면 구역질이 나올 정도로 흉물스럽다. 가치 없는 존재가 되고, 쓸모없는 물건으로 전락하게 된다.

한국교회의 위기는 교회가 있어야 할 곳에 없었기 때문이다

사람들이 한국교회를 평할 때 위기라고 말한다. 교회에 청년들이 없고 남은 젊은이들마저 교회를 떠나고 있다. 이곳저곳에서 아픈 소식들이 들려온다. 하나님의 교회가 분열되고, 목회자가 타락하고, 교회 안에 다툼이 일어난다. 한국교회의 위기가 왜 왔는가? 교회가 있어야 할 곳에 없고, 없어야 할 곳에 있었기 때문이다. 너무 많은 교회와 성도들이 자리를 잃었다. 기도하는 자리, 예배하는 자리, 전도하는 자리를 잃으니까, 조국 교회에 위기가 온 것이다.

대형 교회의 많은 교회 지도자들이 성적으로, 물질적으로 넘어지고 있다. 목회자가 있어야 할 곳에 없었기 때문에 생긴 문제들이다. 이제는 제자리로 돌아가야 할 때다. 너무 멀리 가기 전에 다시 자기 자리를 찾아야 할 때다.

성도가 있어야 할 곳에 없으면 넘어진다

사무엘상을 보면 엘리 제사장의 아들 홉니와 비느하스가 등장한다. 그런데 이 사람들을 가만히 보면 있어야 할 곳에 없고, 없어야 할 곳에 있었던 대표적인 성도들이었다. 그들은 하나님께 드리는 예물을 도둑질하는 자리에 있었다. 또한 그들은 회막 앞에서 예배하는 여자들과 성적인 죄를 짓는 자리에 있었다. 그들이 있었던 곳은 제사장이 있어야 할 자리가 아니었다. 결국 이런 삶의 결과는 죽음이었다.

지방에서 서울로 대학을 온 20세 형제가 있었다. 5월쯤 되니까 이 친구가 예배를 나오지 않았다. 학교에 가서 심방을 했더니 나보고 참견하지 말라더라. 자기 신앙 자기가 책임지겠단다.

"목사님, 내가 알아서 예배드리고, 내가 내 신앙 책임집니다. 참견하지 말아 주세요."

그리고 정확하게 4개월 후에 같은 방을 쓰는 룸메이트에게 연락이 왔다. 이 친구를 살려 달라는 연락이 왔다. 기숙사에 가봤더니 4일째 잠을 안 자고 게임을 하고 있는데 '게임 중독'이었다. 모습이 괴물 같아 보였다. 이렇게 성도가 있어야 할 곳에 없으면 쓰러지고 넘어지고 무너진다.

삼손도 마찬가지였다. 나실인으로 태어난 삼손은 엄청난 힘의 소유자였다. 그리고 그는 성령의 사람이었다. 나귀턱뼈 하나로 블레셋 군사 1000명을 죽인 용사였고, 시대의 사사로 하나님께 쓰임 받은 하나님의 사람이었다. 그런데 그의 인생 결말은 초라하기 짝이 없다. 머리카락을 깎이고, 눈이 뽑히고, 결국 블레셋의 노예같이 살다가 그렇게 인생을 마감한다.

삼손의 이야기는 사사기 13~15장까지 등장하는데 이 얼마 되지도 않는 장들 중에 대부분이 여자 이야기였다. 그에게는 더러운 악습이 있었는데, 그게 바로 여자 문제였다.

삼손이 딤나에 내려가서 거기서 블레셋 사람의 딸들 중에서 한 여자를 보고(사사기 14장 1절)

삼손이 가사에 가서 거기서 한 기생을 보고 그에게로 들어갔더니(사사기 16장 1절)

이후에 삼손이 소렉 골짜기의 들릴라라 이름하는 여인을 사랑하매(사사기 16장 4절)

삼손은 그가 있어야 할 곳에 있지 못하고, 없어야 할 곳에 있었던 사람이었다. 결국 없어야 할 곳에 있었던 삼손은 하나님이 주신 은사를 파괴했고, 성령의 능력이 제한된 끝에 인생 전체가 성공에서 실패로 떨어지고 말았다.

우리가 있어야 할 곳은 예배의 현장이다

백화점 왕 '존 워너 메이커'는 어마어마한 부자였다. 그에게 평생 흔들리지 않는 원칙 중에 하나가 바로 주일 예배였다. 주일 예배만큼은 어떤 일이 있어도 양보하지 않겠다는 원칙을 세운 것이다. 미국 23대 헤리슨 대통령이 그를 체신부 장관으로 임명하려고 할 때 그는 대통령과 거래를 했다. "주일 성수를 할 수 있는 조건이라면 장관직을 수락하겠다."는 것이다.

이 이야기를 읽으면서 그는 있어야 할 곳을 정확히 알았던 성도라는 생각을 했다. 하나님이 그를 미국의 대부호로 만드신 이유가 바로 이것이다. 그는 자신이 예배에 있어야 함을 알고 있던 성도였기 때문이다. 우리가 어떤 경우든 예배의 자리에 설 수만 있다면 하나님은 우리 인생을 가장 아름답게 만드실 분이다.

우리가 있어야 할 곳은 거룩의 현장이다

큰 집에는 금그릇과 은그릇과 나무그릇과 질그릇 네 가지 종류의 그릇이 있다고 한다. 그런데 그중에는 귀한 그릇이 있고, 천한 그릇이 있다. 솔직히 금그릇과 은그릇, 나무그릇, 질그릇 중에 귀한 그릇과 천한 그릇으로 나누라고 하면 금그릇, 은그릇은 귀한 그릇이고 나무그릇, 질그릇은 천한 그릇으로 즉각 나눌 것이다. 그러나 하나님은 그렇게 말씀하지 않는다.

<u>그러므로 누구든지 이런 것에서 자기를 깨끗하게 하면 귀히 쓰는 그릇이 되어 거룩하고 주인의 쓰심에 합당하며 모든 선한 일에 준비함이 되리라</u>(디모데후서 2장 21절)

하나님은 금그릇, 은그릇이라서 귀히 쓰고, 나무그릇, 질그릇이라서 천히 쓰시는 것이 아니다. 어떤 그릇이든 깨끗한 그릇이면 귀히 쓰시는 그릇이 된다고 말씀하신다.

아무리 비싼 그릇이라도 더러운 그릇에 밥 먹을 사람은 없다. 중요한 순간 깨끗한 그릇만이 주인의 손에 반드시 쓰임 받는다. 나는 청년들에게 이렇게 말한다.

"하나님께 쓰임 받고 싶다면 스펙보다 거룩이 중요해."

많은 청년이 스펙을 위해 살지만, 거룩을 위해 살지 않는다. 토익 점수 높이기에는 혈안이 되어 있지만, 기독인으로서 흠 없이 거룩하게 살기 위한 노력은 조금도 없다. 우리 기독인이 진정 땀 흘려야 할 곳이 바로 '거룩의 현장'이다. 세상은 스펙을 보지만 하나님은 거룩을 보시기 때문이다.

2003년 4월에 있었던 사건이다. 미국 유타 주에 있는 국립 공원에서 한 젊은이가 암벽 등반을 하고 있었다. 그 사람은 27세의 아론 랠스톤이라는 사람이었다. 그가 그곳에서 암벽을 타던 중에 1000파운드나 되는 큰 돌이 굴러 떨어졌다. 돌을 잘 피했는데 그만 오른쪽 팔이 그 돌 밑에 깔리고 말았다. 아무리 노력해도 팔은 빠지지 않았다.

그렇게 5일을 지내는데 물도 음식도 바닥이 났다. 그는 생각다 못해 마지막 선택을 한다. 자기 스스로 오른쪽 팔을 절단하는 것이다. 그는 깨어진 돌조각을 하나를 들고 허연 뼈가 드러날 때까지 고통스러운 작업을 계속했다. 그는 자신의 팔을 지혈하고 5마일을 걸어서 두 사람의 등산객을 만나 헬기를 타고 구조되었다. 랠스톤을 구조한 헬기 조종사는 이런 말을 했다.

"만약 랠스톤이 자기 팔을 절단하기로 결심하지 않았다면 그는 죽었을 것입니다."

만일 우리가 우리 죄를 자백하면 그는 미쁘시고 의로우사 우리 죄를 사하시며 우리를 모든 불의에서 깨끗하게 하실 것이요(요한1서 1장 9절)

이 시대 청년들의 삶에는 잘라내야 할 것, 지켜야 할 것들이 너무나도 많다. 돈, 시간, 섹스, 관계 등 우리가 정말 거룩하게 지켜야 할 부분들이다. 죄는 결코 고통 없이 잘라낼 수 없다. 죄에 대한 애통함 없이 거룩을 위해 살 수 없는 것이다.

죽는 그날까지 거룩을 위해 피 흘리듯이 싸울 것을 결단하자. 아무리 힘들어도 거룩을 위해 몸부림칠 것을 결단하자. 왜 그렇게 살아야 하냐고 묻는다면 난 당신이 하나님께 쓰임 받길 원하기 때문이다.

나 자신에게 도전한다

조선 후기 유명한 실학자였던 박제가 선생이 《백화보서(百花譜序)》라는 자신의 책에서 이런 말을 했다.

"벽(癖)이 없으면 가치가 없는 사람이다. 벽(癖)은 공정하지 못하고 한쪽으로 치우친 것이다. 그러나 창조적이고 독특한 정신을 갖추고 전문의 기예를 습득하는 것은 때때로 벽(癖)이 있는 사람만이 할 수 있다."

여기서 벽(癖)은 현대적으로 해석하면 무엇인가에 미친 것을 말한다. 마니아적 성향을 말하는 것이다. 그렇다면 박제가의 말은 무엇인가? 어떤 분야에서든 그래도 정상에 올라가고, 독보적이고, 프로페셔널한 사람이 되려면 다른 사람들에게 이런 말은 한 번쯤 들어야 한다는 것이다.

"저 사람, 미쳤어. 저 사람, 제 정신 아니야."

'불광불급(不狂不及)'이라 했다. 이는 "미치지 않으면 미치지(도달하지) 못한다."는 뜻이다.

기억하라. 어떤 한 분야에 뚜렷한 성과를 올린 사람들은 하나같이 그 분야에, 그 일에 미쳐있었다. '미치다'는 말은 '열정과 신념을 가지고 어떤 일을 꾸준히 하는 것'을 의미한다. 실제로 어떤 분야에서 성공한 사람들을 보면 한결같이 자기 일에 열과 성을 다한 사람들이다.

조지 포다이스는 영국의 내과 의사였다. 1770년대에는 지금처럼 온도계가 보편화된 시대가 아니었다. 당시 과학자들은 사람의 평균체온이 36.5도라는 것만 알고 있을 뿐, 어떻게 그 온도가 유지되는지, 고온에서는 어떻게 반응하는지 무지했다.

그때 38세의 의사, 조지 포다이스는 인간의 체온이 항상 36.5도라는 것을 밝히기 위해 127도나 되는 불가마 속으로 뛰어들었다고 한다. 그는 온몸에 엄청난 화상을 입고서야 인간의 체온이 항상 36.5도라는 것을 밝혀냈다.

라차레 스팔란차니는 음식물의 소화 과정을 연구하기 위해 보이는 것마다 다 먹었다. 그만큼 죽을 고비도 여러 번 넘긴 사람이다. 그는 위액을 밝히기 위해서 천주머니에 음식물을 꽁꽁 싸서 그걸 삼킨 후에, 배설된 천주머니에서 그 음식물을 꺼내서 다시 먹었다. 한마디로 똥을 먹은 거다. 이게 미친 사람들이다. 이들과 같은 사람이 없었다면 지금의 세상은 존재하지 않는다. 미친 그들이 세상을 바꾼 것이다. 사도 바울도 사도행전 26장에서 베스도에게 미쳤다는 말을 들었다. 사람들이 보기에 바울은 미친 사람이었다. 하나님이 바울을 사용하신 이유가 바로 여기에 있다. 그가 복음에 미치니 하나님은 복음 역사에 바울을 사용하신 것이다. 우리는 이 말을 바울의 성장과 부흥이 '은혜'라는 단어로만 치부할 수 없음을 기억해야 한다. 바울은 복음의 진일보를 위해 얼마나 노력했겠는가? 그는 사람들에게 미쳤다는 말을 들으면서까지 복음을 위해 노력했다.

많은 사역자가 기본적인 노력도 하지 않은 채, 환경을 탓하고, 세상을 탓하고, 자신의 부족한 배경을 탓하며 시간을 낭비한다. 그들에게 나는 이렇게 말하고 싶다. 당신은 성장과 부흥을 못한 것이 아니라, 지금까지 스스로 아무것도 안 한 것일 뿐이다.

나는 공동체의 성장을 맛보고 싶었고, 더 위대한 부흥을 경험하고 싶었다. 그래서 나는 맨땅에 헤딩하듯 좌충우돌하며 한 걸음씩 걸어왔다. 도전하고 경험하는 과정 속에서 숱하게 넘어지고 깨어지고 상처받기도 했다. 하지만 놀라운 건 이런 나를 향한 하나님의 반응이었다. 나는 내 노력과 열심이 무엇을 이루었다 말하는 것이 아니다. 그 모습을 불쌍히 여기신 하나님, 그 땀방울을 귀하게 여기신 하나님이 내게 공동체의 성장과 부흥을 선물로 주신 것이다. 이런 사역의 결과는 내게 끊임없이 하나님의 나라를 향해 도전하게 한다.

지금부터의 사역은 내 자신에게 새로운 도전이다. 한성교회 'New Acts 공동체'와 나는 지금껏 한 번도 가보지 못한 길을 가고 있다. 나는 새로운 도전의 현장 속에서 두려움이 아닌 하나님이 여전히 신실하게 인도하실 것이라는 확신으로 가득하다. 새로운 도전 가운데도 하나님이 신실하게 인도하신다는 확신을 가지게 했던 사역의 중요한 원칙 두 가지를 소개한다.

옳은 것이라면 실행하라

성장과 부흥은 힘든 것이다. 쉬운 성장과 부흥은 이 세상에 존재하지 않는다. 스마트한 부흥은 없다는 게 내 지론이다. 성장과 부흥은 의미 있는 일이기 때문이다. 이 세상에 의미 있는 모든 일은 대부분 힘든 것들이다. 당신의 사역이 지금 힘들다면 당신은 잘 하고 있다는 증거이며, 그 사역은 의미 있는 일이 된다. 반대로 사역이 힘들지 않다면 당신은 잘못하고 있는 것이다. 옳은 일을 한다는 것은 반드시 저항이 존재한다. 행하는 일이 말씀 안에서 기뻐하실 일이라면 우리는 절대 포기하지 말아야 한다. 내 이익이나 자존심으로 밀어붙이는 것이 아니라, 하나님이 기뻐하실 만한 일이기에 힘들더라도 기꺼이 그 길을 가야 한다. 그렇다면 반드시 하나님의 도우심을 받을 수 있다.

옳은 것이라면 포기하지 말고 실행에 옮겨라. 사람 눈치 보지 마라. 우리는 평생 하나님 눈치를 보는 사역자가 되어야 한다. 사람보다 하나님이 더 크시기 때문이다. 하나님 보시기에 기뻐할 만한 옳은 일을 한다면 우리는 반드시 하나님의 선한 인도하심을 볼 수 있다.

함께 한다는 것은 능력이다

청년 사역은 한 사람의 능력으로 이루어질 수 없다. 바울도 서신에서 자신의 사역이 복음을 위해 함께 땀 흘렸던 사람들의 동역의 능력이었다고 고백한다. 우리 공동체가 여기까지 올 수 있었던 이유도 바로 많은 사람의 동역 덕분이었다. 세 가지 정도로 동역자들의 도움과 섬김을 요약·

소개하면 이렇다. 첫째, 한성교회 도원욱 담임 목사님의 청년을 향한 열정과 사랑이다. 도원욱 목사님은 탁월한 메시지를 바탕으로 2009년 4월 한성교회에 부임하셔서 900명의 장년 성도를 4000명으로 성장시킨 부흥의 주역이시다. 담임 목사님께서는 그 많은 청년의 이름을 외울 정도로 청년에게 관심이 많으시고, 또한 청년 사역자를 향한 신뢰와 믿음을 바탕으로 동역해주신다. 청년 사역에 대한 이런 배려가 부흥의 핵심이 되고 있다.

둘째, 청년들을 이해해주는 당회 장로님들의 동역이다. 우리 교회 장로님들은 청년들의 불완전함과 연약함을 품어주시는 참 훌륭한 분들이다. 그뿐 아니라 청년들을 위해 수고를 아끼지 않는 분들이다. 단적인 예로 우리 청년부는 수련회에 참석하는 직장인들을 위해 출퇴근 차량을 마련한다. 특별히 저녁집회를 마치고 직장인 청년들을 한 명, 한 명 집 앞까지 태워준다. 우리 장로님들께서는 이걸 기꺼이 섬겨주신다. 또 장로님들께서는 아버지의 마음으로 청년들을 너그러이 맞아주신다. 이런 교회 지도자들의 적극적인 지원 아래 청년 부흥이 가능했다고 생각한다.

셋째, 주일 저녁밥을 지어주시는 어머님들의 동역이다. 우리 공동체는 매주 저녁 식사를 함께 하는 전통이 있다. 그때마다 청년 500인분의 밥을 손수 지어주신다. 말이 500인분이지, 섬기는 분들 입장에서는 보통의 헌신이 아니다. 이렇게 많은 분의 섬김을 통해 우리는 여기까지 올 수 있었다. 정말 눈물 나게 고마운 나의 동역자들이다.

나는 하나님의 능력을 단 한 번도 의심해본 적이 없다. 내가 옳은 일을 한다면 하나님은 내게 사람을 붙여주신다. 하나님은 지금까지의 한성 청년 공동체를 이렇게 인도하셨듯이, 앞으로의 사역에서도 내게 이렇게 역사해주실 것이다.

나는 이 책을 통해 우리 공동체의 작은 성장과 부흥이 책을 읽는 모든 분에게 긍정적인 자극이 되길 바란다. 이 시대 청년들을 사랑하는 미친 사역자들과 공동체가 일어나길 소망한다.

죽지 마, 청년아

초판 1쇄 인쇄 2014년 6월 16일
초판 4쇄 발행 2019년 4월 15일

지은이 권기웅

펴낸이 한정숙
펴낸곳 선한청지기
등록 제313-203-000358호
주소 서울특별시 마포구 서교동 382-14
전화 (02)322-2434(대표) **팩스** (02)322-2083
홈페이지 www.kukminpub.com

편집주간 양영광
편집 한수정
영업 김종헌
디자인 여수정

ⓒ권기웅, 2014
ISBN 979-11-953030-1-4 03230